Capa do exemplar de "A Imitação de Cristo", trazido por Ludwig Moser ao Monastério Cartusiano da Basileia, na Suíça.

De pura mte et simplici   qtū Capm
De ipa psrdāte intencoīs   quitū
De letitia bone psīe   Sextum
De amōre sup oīa   Septimum
De amicicia Ihū   Octauum
De carentia oīs solacij   Nonum
De gratitudine p gra xpī   Decimū
De paucitate amicor crūs   Undeci͡u
De regia uia ste Crucis   Duodcīmū

Sequit Capitlm de interna co-
solacōe Prīmū Capitulum

Regnū deī ītra uos e dicit
dn̄s Consulta te ex toto corde
ad dn̄m et relinq hūc miseru mdm
et īueniet requie aīe tue Disce
exteriora ptēpnē et adītiora te
dare Et uideb regnū deī ītre uenire
Est ēm regnū deī iusticia pax et
gaudium in spū sc̄o qd no dat impijs

*Página do manuscrito de "A Imitação de Cristo",
datado do século XV.*

Vitral de Tomás de Kempis no Rijksmuseum, na Holanda, por William Francis Dixon (1847-1929)

ENCONTRE MAIS
LIVROS COMO ESTE

Copyright desta tradução © IBC - Instituto Brasileiro De Cultura, 2024

Título original: The Imitation of Christ
Reservados todos os direitos desta tradução e produção, pela lei 9.610 de 19.2.1998.

1ª Impressão 2024

Presidente: Paulo Roberto Houch
MTB 0083982/SP

Coordenação Editorial: Priscilla Sipans
Coordenação de Arte: Rubens Martim (capa)
Produção Editorial: Eliana S. Nogueira
Tradução: Natália Hugen
Diagramação: Fernando Gomes
Revisão: Juliana Bojezuk
Apoio de Revisão: Leonan Mariano e Lilian Rozati
Imagens: Wikimedia Commons

Vendas: Tel.: (11) 3393-7727 (comercial2@editoraonline.com.br)

Foi feito o depósito legal.
Impresso na China

Dados Internacionais de Catalogação na Publicação (CIP)
de acordo com ISBD

E23i Editora Garnier

Imitação de Cristo: Edição Luxo (Capa Almofadada) / Editora
Garnier. - Barueri : Garnier, 2024.
144 p. ; 15,1cm x 23cm.

ISBN: 978-65-84956-55-1

1. Meditações. 2. Cristianismo.. I. Título.

2024-398   CDD 240
                                            CDU 24

Elaborado por Odilio Hilario Moreira Junior - CRB-8/9949

IBC — Instituto Brasileiro de Cultura LTDA
CNPJ 04.207.648/0001-94
Avenida Juruá, 762 — Alphaville Industrial
CEP. 06455-010 — Barueri/SP
www.editoraonline.com.br

SUMÁRIO

Nota Introdutória 7

O Primeiro Livro
Admissões Úteis à
Vida Espiritual 8

O Segundo Livro
De Advertências Relativas à
Vida Interior 36

O Terceiro Livro
Sobre a Consolação Interior 52

O Quarto Livro
Do Sacramento do Altar 120

Estátua de Tomás de Kempis no Castelo de Kempen, Alemanha.

Nota Introdutória

O tratado de "A Imitação de Cristo" parece ter sido originalmente escrito em latim no início do século XV. A data exata e sua autoria ainda são uma questão de debate. Manuscritos da versão em latim sobrevivem em número considerável em toda a Europa Ocidental e, com a vasta lista de traduções e edições impressas, atestam sua popularidade quase inigualável. Um escriba o atribui a São Bernardo de Claraval, mas o fato de conter uma citação de São Francisco de Assis, que nasceu trinta anos após a morte de São Bernardo, descarta essa teoria. Na Inglaterra existem muitos manuscritos dos três primeiros livros, chamados *Musica Ecclesiastica*, frequentemente atribuídos ao místico inglês Walter Hilton. Mas Hilton parece ter morrido em 1395, e não há evidências da existência da obra antes de 1400. Muitos manuscritos espalhados pela Europa atribuem o livro a Jean Charlier de Gerson, o grande chanceler da Universidade de Paris, que foi uma figura importante na Igreja no início do século XV. No entanto, o autor mais provável, especialmente quando as evidências internas são consideradas, é Thomas Haemmerlein, também conhecido como Tomás de Kempis, de sua cidade natal de Kempen, perto do Reno, cerca de sessenta quilômetros ao norte de Colônia. Haemmerlein, nascido entre 1379 a 1380, foi membro da ordem dos Irmãos da Vida Comum e passou os últimos setenta anos de sua vida no Convento de Santa Inês, um mosteiro de cônegos agostinianos na cidade de Zwolle. Lá ele faleceu em 26 de julho de 1471, uma vida sem intercorrências, dedicada à cópia de manuscritos, à leitura e à composição, e à rotina pacífica da piedade monástica.

Com exceção da Bíblia, nenhum outro escrito cristão teve uma popularidade tão ampla ou tão fundamentada como esta. E, no entanto, em certo sentido, dificilmente é uma obra original. Sua estrutura se deve em grande parte aos escritos dos místicos medievais, e suas ideias e frases são um mosaico da Bíblia e dos Padres da Igreja primitiva. Mas esses elementos estão entrelaçados com uma habilidade tão delicada e um sentimento religioso tão ardente e sólido ao mesmo tempo que promete permanecer, o que tem sido há quinhentos anos, o supremo chamado e guia para a aspiração espiritual.

O PRIMEIRO LIVRO
ADMISSÕES ÚTEIS À VIDA ESPIRITUAL

Capítulo I
Da imitação de Cristo e do desprezo do mundo e de todas as suas vaidades

"Quem me segue, nunca andará em trevas"[1], diz o senhor. Estas são as palavras de Cristo e nos ensinam até que ponto devemos imitar Sua vida e caráter, se buscarmos a verdadeira iluminação e libertação de toda cegueira de coração. Portanto, que nosso mais sincero estudo seja o de nos concentrarmos na vida de Jesus Cristo.

2. "Seu ensino supera todos os ensinamentos de homens santos, e aqueles que têm Seu Espírito, encontram nele o maná escondido"[2]. Mas há muitos que, embora ouçam frequentemente o Evangelho, sentem pouco desejo por ele, porque não têm a mente de Cristo. Portanto, aquele que quiser compreender plenamente e com verdadeira sabedoria as palavras de Cristo, que se esforce para conformar toda a sua vida à mente de Cristo.

3. De que lhe adianta entrar em profunda discussão sobre a Santíssima Trindade, se te falta humildade e, portanto, desagrada a Trindade? Pois, em verdade, não são palavras profundas que tornam um homem santo e correto; é uma vida boa que torna o homem querido por Deus. Eu preferiria sentir contrição a ser hábil em sua definição disso. Se você conhecesse toda a Bíblia e as palavras de todos os filósofos, de que lhe serviria tudo isso sem o amor e a graça de Deus? Vaidade das vaidades, tudo é vaidade, exceto amar a Deus, e somente a Ele servir. Essa é a mais elevada sabedoria, deixar o mundo para trás e avançar para o reino celestial.

4. É vaidade, pois, buscar e confiar nas riquezas que perecerão. Também é vaidade cobiçar honras e elevar-nos ao alto. É vaidade seguir os desejos da carne e ser guiado por eles, pois isso trará miséria no final. É vaidade desejar uma vida longa e ter pouca preocupação com uma vida boa. É vaidade pensar apenas na vida que existe agora e não olhar para as coisas que virão no futuro. É vaidade amar aquilo que passa rapidamente, e não se apressar para onde permanece a alegria eterna.

---

1 João, 8:12.
2 Apocalipse, 2:17.

5. "Esteja sempre atento ao ditado[3]: os olhos não se fartam de ver, nem os ouvidos de ouvir". Esforça-te, pois, para desviar teu coração do amor das coisas que são vistas, e fixá-lo nas coisas que não se veem. Pois aqueles que seguem seus próprios desejos carnais contaminam a consciência e destroem a graça de Deus.

Capítulo II
De pensar humildemente sobre si

Existe naturalmente em todo homem o desejo de saber, mas de que adianta o conhecimento sem o temor a Deus? Com certeza é melhor um camponês humilde que serve a Deus do que um filósofo orgulhoso que observa as estrelas e negligencia o conhecimento sobre si. Aquele que se conhece bem é vil aos seus próprios olhos e nem considera os elogios dos homens. Se eu conhecesse todas as coisas que há no mundo e não praticasse a caridade, de que isso me serviria diante de Deus, que há me julgar segundo as minhas ações?

2. Descanse do desejo desordenado de conhecimento, pois nele se encontram muitas distrações e enganos. Aqueles que têm conhecimento desejam parecer instruídos e ser chamados de sábios. Há muitas coisas para saber que pouco ou nada aproveitam à alma. E é insensato demais aquele que se preocupa mais com outras coisas do que as que servem para a saúde de sua alma. Muitas palavras não satisfazem a alma, porém uma boa vida refresca a mente, e uma consciência pura dá grande confiança em Deus.

3. Quanto maior e mais completo for o seu conhecimento, mais severamente será julgado, a menos que tenha vivido em santidade. Portanto, não se exalte por nenhuma habilidade ou conhecimento que você tenha; antes, tema pelo conhecimento que lhe é dado. Se lhe parece que você sabe muitas coisas e as entende bem, saiba também que há muito mais coisas que você não sabe. Não seja soberbo, mas confesse sua ignorância. Por que deseja se elevar acima de outro, quando há muitos mais instruídos e mais habilidosos nas Escrituras do que você? Se você quiser saber e aprender alguma coisa com proveito, ame ser desconhecido e não ser considerado nada.

4. Essa é a lição mais elevada e proveitosa; quando um homem realmente conhece e julga humildemente a si. Não dar importância a si e pensar sempre com bondade e consideração pelos outros, é grande e perfeita sabedoria. Mesmo que você veja seu próximo pecar abertamente ou gravemente, ainda assim não deve se considerar melhor que ele, pois não sabe por quanto tempo

---
[3] Eclesiastes, 1:8.

manterá sua integridade. Todos nós somos fracos e frágeis; não considere nenhum homem mais frágil do que você mesmo.

Capítulo III
Do conhecimento da verdade

"Feliz é o homem a quem a Verdade por si mesma ensina, não por meio de figuras e palavras passageiras, mas como ela é em si mesma."[4] Nosso próprio julgamento e sentimentos muitas vezes nos enganam, e discernimos muito pouco da verdade. De que nos serve discutir sobre coisas ocultas e obscuras, a respeito das quais não seremos nem mesmo reprovados no juízo, por que não as conhecemos? Oh, que grande loucura é negligenciar as coisas que são proveitosas e necessárias e ocupar nossa mente com coisas curiosas e prejudiciais! Tendo olhos, não vemos.

2. E o que temos a ver com conversas sobre gênero e espécie! Aquele a quem a Palavra Eterna fala está livre de múltiplos questionamentos. "Desta Palavra única provêm todas as coisas, e todas as coisas falam d'Ele; e este é o Princípio que também nos fala."[5] Nenhum homem, sem Ele, entende ou julga corretamente. O homem para quem todas as coisas são uma, que traz todas as coisas a uma, que vê todas as coisas em uma, é capaz de permanecer firme em espírito e repousar em Deus. Ó Deus, que és a Verdade, faze-me um contigo em amor eterno. Muitas vezes me cansa ler e ouvir muitas coisas; em Ti está tudo o que espero e desejo. Que todos os médicos se calem; que toda a criação fique em silêncio diante de Ti: fala somente a mim.

3. Quanto mais o homem tem unidade e simplicidade em si, mais coisas e coisas mais profundas ele compreende; e isso sem esforço, porque ele recebe a luz do entendimento do alto. O espírito que é puro, sincero e firme não se distrai, embora tenha muitas obras a fazer, porque faz todas as coisas para a honra de Deus e se esforça para estar livre de todos os pensamentos egoístas. Quem é tão cheio de obstáculos e aborrecimentos para você quanto seu próprio coração indisciplinado? Um homem que é bom e devoto organiza de antemão em seu próprio coração as obras que deve realizar no exterior; e assim não é atraído pelos desejos de sua má vontade, mas tudo ao julgamento da reta razão. Quem tem uma batalha mais difícil a travar do que aquele que luta pelo autodomínio? E este deve ser o nosso esforço: dominar a nós mesmos e, assim, nos tornarmos cada dia mais fortes do que nós mesmos e prosseguirmos até a perfeição.

---

4 Salmos, 94:12.

5 Números, 12:8 - João 8:25 (vulgata).

4. Toda perfeição tem alguma imperfeição associada a ela nesta vida, e todo o nosso poder de visão não é isento de alguma escuridão. Um conhecimento humilde de si é um caminho mais seguro para Deus do que a busca profunda do aprendizado do homem. Não que o aprendizado deva ser censurado, nem ao fato de se considerar qualquer coisa que seja boa; mas uma boa consciência e uma vida santa são melhores que tudo. E pelo fato de muitos buscarem o conhecimento em vez da boa vida, eles se desviam e dão pouco ou nenhum fruto.

5. Ó! Se eles dessem à erradicação do vício e ao plantio da virtude a mesma diligência que dão aos questionamentos vãos: não haveria maldades e tropeços entre os leigos, nem uma vida tão entre as casas de religião. Com certeza, no Dia do Juízo será exigido de nós, não o que lemos, mas o que fizemos; não o quanto falamos bem, mas o quanto vivemos em santidade. Diga-me, onde estão agora todos aqueles mestres e professores que você conhecia bem, quando eles ainda estavam com você e prosperavam no aprendizado? Suas bancas agora estão ocupadas por outros, que talvez nunca tenham pensado neles. Enquanto viveram, pareciam ser alguma coisa, mas agora ninguém fala deles.

6. Oh! Quão rapidamente passa a glória do mundo! Quem dera a vida e conhecimento deles estivessem de acordo! Pois, assim eles teriam lido e perguntado com bons propósitos. Quantos sofrem neste mundo por causa do aprendizado vazio, que pouco se importam em servir a Deus. E por gostarem mais de ser grandes do que de ser humildes, por isso "tornaram-se vãos em suas imaginações". Só é verdadeiramente grande aquele que possui ampla caridade. É verdadeiramente grande quem que se considera pequeno e julga como nada toda altura de honra. É verdadeiramente sábio o homem que considera todas as coisas terrenas como esterco, a fim de que possa ganhar a Cristo. E é verdadeiramente sábio aquele que faz a vontade de Deus e abandona a sua própria vontade.

Capítulo IV
Da prudência na ação

Não devemos confiar em todas as palavras de outras pessoas ou em nossos próprios sentimentos, mas cautelosa e pacientemente, verificar se o assunto é de Deus. Infelizmente, somos tão fracos que achamos mais fácil acreditar e falar mal dos outros, do que falar bem. Mas aqueles que são perfeitos não dão ouvidos a todo portador de notícias, porque conhecem a fraqueza do homem, que é propenso ao mal e instável nas palavras.

2. É uma grande sabedoria não sermos precipitados em agir ou teimosos em nossas próprias opiniões. Parte desta sabedoria também consiste em não acreditar em todas as palavras que ouvimos, nem contar aos outros tudo o que escutamos, mesmo que acreditemos. Aconselhe-se com um homem sábio e de boa consciência e procure ser instruído por alguém melhor que você, em vez de seguir suas próprias invenções. Uma vida boa torna o homem sábio para com Deus e lhe dá experiência em muitas coisas. Quanto mais humilde for um homem consigo mesmo e mais obediente a Deus, mais sábio ele será em todas as coisas e mais paz terá em sua alma.

Capítulo V
Da leitura das Escritas Sagradas

É a Verdade que devemos procurar nas Sagradas Escrituras, não a astúcia das palavras. Todas as Escrituras devem ser lidas no espírito com que foram escritas. Devemos buscar primeiramente o que é proveitoso nas Escrituras, do que aquilo que ministra sutileza no discurso. Portanto, devemos ler livros que sejam devocionais e simples, bem como aqueles que sejam profundos e difíceis. E que o peso do escritor não seja um obstáculo para você, seja ele de pouca ou muita instrução, mas que o amor pela pura Verdade o leve a ler. Não pergunte quem disse isso ou aquilo, mas observe o que ele diz.

2. Os homens passam, mas a verdade do Senhor permanece para sempre. Sem acepção de pessoas, Deus fala conosco de diversas maneiras. Nossa própria curiosidade, muitas vezes, nos atrapalha na leitura dos escritos sagrados, quando procuramos compreender e discutir, quando devemos simplesmente seguir adiante. Se você deseja tirar proveito de sua leitura, leia com humildade, simplicidade e honestidade, e sem o desejo de adquirir um caráter de aprendizado. Pergunte livremente e ouça em silêncio as palavras e homens santos; não se aborreça com as palavras duras de homens mais velhos que você, pois elas não são proferidas sem motivo.

Capítulo VI
Das afeições desordenadas

Sempre que um homem deseja algo acima da medida, imediatamente se torna inquieto. O orgulhoso e o avarento nunca descansam; ao passo que o pobre e o humilde de coração permanecem na multidão da paz.

O homem que ainda não está totalmente morto para si, logo é tentado e vencido em questões pequenas e insignificantes. É difícil para aquele que é fraco de espírito, e ainda em parte carnal e inclinado aos prazeres dos sentidos, afastar-se completamente dos desejos terrenos. E, portanto, quando ele se afasta deles, muitas vezes fica triste e facilmente se irrita se alguém se opõe à sua vontade.

2. Mas se, por outro lado, ele ceder à sua inclinação, imediatamente será opresso pela condenação de sua consciência, pois seguiu seu próprio desejo e, ainda assim, não alcançou a paz que esperava. Pois, a verdadeira paz do coração deve ser encontrada na resistência à paixão, e não em ceder a ela. Portanto, não há paz no coração do homem que é carnal, nem naquele que se entrega às coisas que não são dele, mas somente naquele que é fervoroso para com Deus e vive no Espírito.

Capítulo VII
De fugir da esperança e do orgulho

Vã é a vida do homem que confia em outros homens ou em qualquer coisa criada. Não se envergonhe de ser servo dos outros por amor a Jesus Cristo e de ser considerado pobre nesta vida. Não descanse em si, mas edifique sua esperança em Deus. Faça o que estiver ao seu alcance e Deus o ajudará em suas boas intenções. Não confie em seu conhecimento, nem na inteligência de ninguém, mas confie no favor de Deus, que resiste aos soberbos e dá graça aos humildes.

2. Não se vanglorie em suas riquezas, se as tiver, nem em seus amigos, se forem poderosos, mas em Deus, que dá todas as coisas e, além de todas as coisas, deseja dar a si. Não se envaideça por causa da força ou da beleza do seu corpo, pois com apenas uma leve enfermidade, ela se desfará e murchará. Nao se vanglorie de sua habilidade ou capacidade, para não desagradar a Deus, de quem vem toda boa dádiva que temos.

3. Não se considere melhor do que os outros, para que não pareça pior aos olhos de Deus, que conhece o que há no homem. Não se orgulhe de suas boas obras, pois os julgamentos de Deus são diferentes dos julgamentos do homem, e o que agrada ao homem, muitas vezes, desagrada a Deus. Se você tem algum bem, acredite que os outros têm mais, e assim você poderá preservar sua humildade. Não é prejudicial para você se colocar abaixo de todos os outros; muito mais danoso se colocar acima de um só. A paz está sempre com o homem humilde, mas no coração do orgulhoso, inveja e ira são contínuas.

Capítulo VIII
Sobre o perigo da familiaridade excessiva

Não abras teu coração a todo o homem, mas trate com aquele que é sábio e temente a Deus. Raramente esteja com os jovens e com estranhos. Não bajule os ricos; nem busque voluntariamente a companhia dos grandes. Que a tua companhia seja a dos humildes e dos simples, dos piedosos e dos gentis, e que suas conversas sejam sobre coisas que edificam. Não te afeiçoes a nenhuma mulher, mas recomende todas as boas mulheres a Deus. Escolha como companheiros somente Deus e Seus Anjos, e fuja da atenção dos homens.

2. Devemos amar todos os homens, mas não fazer de todos os companheiros íntimos. Às vezes acontece que alguém que nos é desconhecido é altamente considerado através do bom relato a seu respeito, cuja pessoa real é, no entanto, desagradável para aqueles que a contemplam. Às vezes, pensamos em agradar aos outros através de nossa intimidade e, em seguida, os desagradamos ainda mais pela falta de caráter que percebem em nós.

Capítulo IX
Sobre obediência e da submissão

É realmente uma grande coisa viver em obediência, estar sob autoridade e não estar à nossa própria disposição. É muito mais seguro viver em submissão do que em um lugar de autoridade. Muitos obedecem por necessidade e não por amor; esses entendem mal e reclamam por pequenas coisas. Não alcançarão liberdade de espírito, a menos que, de todo o coração, se submetam ao amor de Deus. Embora você corra de um lado para outro, não encontrará paz, a não ser em humilde sujeição à autoridade daquele que está sobre você. As fantasias sobre lugares e a mudança deles têm enganado a muitos.

2. É verdade que todo homem segue de bom grado a sua própria tendência e está mais inclinado àqueles que concordam com ele. Mas se Cristo está entre nós, então é necessário que, às vezes, renunciemos à nossa própria opinião em prol da paz. Quem é tão sábio a ponto de ter conhecimento perfeito de todas as coisas? Portanto, não confie demais em sua própria opinião, mas esteja pronto também para ouvir as opiniões dos outros. Ainda que sua opinião seja boa, se, por amor a Deus, você a renunciar e seguir a de outra pessoa, mais se beneficiará com isso.

3. Muitas vezes ouvi dizer que é mais seguro escutar e receber conselhos do que dar aos outros. Também pode acontecer que cada opinião seja boa;

mas recusar-se a ouvir os outros quando a razão ou a ocasião assim o exigir é um sinal de orgulho, ou obstinação.

Capítulo X
Sobre o perigo do excesso de palavras

Evite, tanto quanto possível, o tumulto dos homens; pois a conversa sobre coisas mundanas, embora seja inocente, é um obstáculo, pois somos rapidamente levados cativos e contaminados pela vaidade. Muitas vezes eu gostaria de ter me calado e não ter andado entre os homens. Mas por que falamos e fofocamos tão continuamente, visto que tão raramente retomamos o silêncio sem que algum dano seja causado à nossa consciência? Gostamos muito de conversar porque esperamos, através de nossas conversas, obter algum conforto mútuo porque procuramos refrescar nosso espírito cansado por meio da variedade de pensamentos. E de bom grado falamos e pensamos naquilo que amamos ou desejamos, ou naquilo que mais nos desagrada.

2. Mas, infelizmente, muitas vezes é inútil e em vão. Pois, este consolo externo é um grande obstáculo ao conforto interno que vem de Deus. Portanto, devemos vigiar e orar para que o tempo não passe em vão. Se é justo e desejável que você fale, diga coisas que sejam para edificação. O mau costume e a negligência quanto ao nosso real proveito tendem a nos tornar negligentes em vigiar nossos lábios. No entanto, a conversa devota sobre coisas espirituais ajuda muito ao progresso espiritual, principalmente onde aqueles de mente e espírito semelhantes encontram sua base de comunhão em Deus.

Capítulo XI
De buscar paz de espírito e progresso espiritual

Podemos desfrutar de muita paz se nos abstivermos de nos ocupar com as palavras e ações dos outros e com coisas que não nos dizem respeito. Como pode permanecer em paz por muito tempo aquele que se ocupa com assuntos alheios, e com coisas que não lhe dizem respeito, e enquanto isso, presta pouca ou nenhuma atenção ao eu interior? Bem-aventurados os que têm um só coração, pois terão paz em abundância.

2. Como foi possível que muitos dos santos fossem tão perfeitos, tão contemplativos das coisas divinas? Porque procuraram firmemente mortificar-se de todos os desejos mundanos, e assim, foram capazes de se apegar a Deus de todo o coração e serem livres e tranquilos para pensar Nele. Estamos muito ocupados com nossos próprios afetos e ansiosos demais

com coisas transitórias. Raramente, também, superamos inteiramente uma única falha, nem somos zelosos pelo crescimento diário na graça. E assim permanecemos mornos e sem espiritualidade.

3. Se estivéssemos totalmente atentos a nós mesmos e não ligados em espírito às coisas exteriores, poderíamos ser sábios para a salvação e progredir na contemplação divina. Nosso grande e doloroso obstáculo é que, não estando libertos de nossos afetos e desejos, não nos esforçamos para entrar no caminho perfeito dos santos. E quando um pequeno problema nos sobrévem, rapidamente nos deixamos abater e buscamos o mundo para nos confortar.

4. Se nos renunciássemos como homens e nos esforçássemos para permanecer firmes na batalha, então veríamos o Senhor nos ajudando do Céu. Pois, Ele mesmo está sempre pronto para ajudar aqueles que se esforçam e confiam Nele; sim, Ele nos proporciona ocasiões de esforço, a fim de que possamos obter a vitória. Se considerarmos nosso progresso na religião como um progresso apenas nas observâncias e formas externas, nossa devoção logo chegará ao fim. Mas lancemos o machado até à raiz da nossa vida, para que, purificados das afeições, possamos possuir as nossas almas em paz.

5. Se a cada ano uma falha fosse extirpada de nós, deveríamos chegar rapidamente à perfeição. Mas, ao contrário, muitas vezes sentimos que éramos melhores e mais santos no início da nossa conversão do que depois de muitos anos de profissão. O zelo e o progresso devem aumentar dia a dia; no entanto, agora parece uma grande coisa se alguém for capaz de reter alguma parte de seu primeiro entusiasmo. Se nos esforçássemos um pouco no início, depois seríamos capazes de fazer todas as coisas com facilidade e alegria.

6. É difícil abandonar um hábito, e é ainda mais difícil ir contra a nossa própria vontade. No entanto, se você não superar obstáculos pequenos e fáceis, como superará os maiores? Resista à sua vontade no início e desaprenda um mau hábito, para que ele não o leve, pouco a pouco, a dificuldades piores. Oh, se você soubesse a paz que sua vida santa traria para si e a alegria que traria para os outros, acho que você seria mais zeloso com lucro espiritual.

Capítulo XII
Dos usos da adversidade

É bom para nós, que às vezes, tenhamos tristezas e adversidades, pois muitas vezes fazem com que o homem se conscientize de que é apenas um estrangeiro e peregrino, e que não pode depositar sua confiança em nenhuma coisa mundana. É bom que, às vezes, suportemos contradições e sejamos julgados de forma injusta e difícil, quando fazemos e queremos fazer o que é bom. Pois, essas coisas nos ajudam a ser humildes e nos protegem da vaidade. É assim buscamos mais intensamente o testemunho de Deus, quando os homens falam mal de nós falsamente e não nos dão crédito pelo bem.

2. Portanto, o homem deve descansar totalmente em Deus, para que não precise buscar muito conforto nas mãos dos homens. Quando um homem que teme a Deus é afligido, provado ou oprimido por maus pensamentos, ele vê que Deus é ainda mais necessário para ele, pois sem Deus ele não pode fazer nada de bom. Então ele fica com o coração pesado, geme e grita pela própria inquietação de seu coração. Ele se cansa da vida e deseja partir e estar com Cristo. Com tudo isso, ele aprende que no mundo não pode haver segurança perfeita ou plenitude de paz.

Capítulo XIII
De resistir à tentação

Enquanto vivermos no mundo, não estaremos isentos de problemas e provações. Por isso está escrito em Jó: "A vida do homem sobre a terra é uma provação."[6] Portanto, cada um de nós deve estar atento às provações e tentações e vigiar em oração, para que o diabo não encontre ocasião de enganar; pois, ele nunca dorme, mas anda em busca de quem possa devorar. Nenhum homem é tão perfeito em santidade que não tenha tentações, nem podemos estar totalmente livres delas.

2. No entanto, apesar disso, as tentações são de grande proveito para nós, mesmo que sejam grandes e difíceis de suportar, pois, por meio delas somos humilhados, purificados, instruídos. Todos os santos passaram por muitas tribulações e tentações e delas tiraram proveito. E aqueles que não suportaram a tentação tornaram-se perversos e caíram. Não há posição tão sagrada, nem lugar tão secreto, que seja isento de tentações e adversidades.

3. Não há homem totalmente livre de tentações enquanto viver, porque temos a raiz da tentação em nós mesmos, pois nascemos na concupiscência. Passa uma tentação ou tristeza e outra vem; e sempre teremos algo a sofrer, pois, caímos da perfeita felicidade. Muitos que procuram fugir das tentações caem ainda mais nelas. Não podemos vencer apenas pela fuga, mas pela perseverança e pela verdadeira humildade nos tornamos mais fortes do que todos os nossos inimigos.

---

6 Jó, 7:1 (vulgata).

4. Aquele que apenas resiste externamente e não arranca pela raiz, pouco se beneficiará; pelo contrário, as tentações retornarão a ele mais rapidamente e serão mais terríveis. Pouco a pouco, através da paciência e longanimidade, você vencerá com a ajuda de Deus, e não com a violência e pela sua própria força de vontade. Em meio à tentação, busque conselhos com frequência; e não trate mal aquele que está sendo tentado, mas console-o e fortaleça-o como teria feito consigo mesmo.

5. O início de todas as tentações para o mal é a instabilidade de temperamento e a falta de confiança em Deus; pois, assim como um navio sem leme é lançado pelas ondas, o homem descuidado tem um propósito fraco e é tentado, ora para um lado, ora para outro. Assim como o fogo prova o ferro, assim também a tentação prova o homem íntegro. Muitas vezes não sabemos qual é a nossa força; mas a tentação nos revela o que somos. Contudo, devemos vigiar, especialmente no início da tentação, pois assim o inimigo é mais facilmente dominado, quando não lhe é permitido entrar na mente, mas é encontrado do lado de fora da porta assim que bate. Por isso se diz:

> Verifique o início; uma vez que você poderia ter curado,
> Mas agora já passou de sua habilidade e perdurou muito tempo.

Pois, primeiro vem à mente a simples sugestão, depois a forte imaginação, depois o prazer, a afeição maligna, o consentimento. E assim, pouco a pouco, o inimigo se infiltra completamente, porque não foi combatido no início. E quanto mais o homem retarda sua resistência, mais enfraquece e mais forte se torna o inimigo contra ele.

6. Alguns homens sofrem as mais graves tentações no início de sua conversão, outros no final. Uns são duramente provados durante toda a vida. Outros são levemente tentados, de acordo com a sabedoria e a justiça da ordem de Deus, que conhece o caráter e as circunstâncias dos homens e ordena todas as coisas para o bem-estar de Seus eleitos.

7. Portanto, não devemos nos desesperar quando formos tentados, mas devemos clamar ainda mais fervorosamente a Deus, para que Ele se conceda ajudar-nos em toda a nossa tribulação; e que Ele, como diz São Paulo, "com a tentação, prepare um caminho de fuga para que possamos suportá-la."[7] Humilhemo-nos, portanto, sob a poderosa mão de Deus em toda tentação e dificuldade, pois Ele salvará e exaltará os que têm espírito humilde.

8. Nas tentações e tribulações, o homem é provado quanto ao progresso fez, e é aí que sua recompensa é maior e sua virtude mais aparente. Nem é grande coisa se um homem for devoto e zeloso enquanto não sofrer aflições; mas se ele se comportar pacientemente em tempos de adversidade, então

---

[7] 1 Coríntios, 10:13.

haverá esperança de grande progresso. Alguns são mantidos a salvo de grandes tentações, mas são vencidos pelas pequenas e comuns, para que a humilhação os ensine a não confiar em si nas grandes coisas, sendo fracos nas pequenas.

Capítulo XIV
Como evitar julgamentos precipitados

Olhe bem para si e tome cuidado para não julgar os atos dos outros. Julgando os outros, o homem trabalha em vão; muitas vezes erra e facilmente cai em pecado; mas julgando e examinando a si, sempre trabalha com proveito. Conforme um assunto toca a nossa imaginação, muitas vezes o julgamos; pois, facilmente falhamos no julgamento verdadeiro por causa de nossos próprios sentimentos pessoais. Se Deus fosse sempre o único objeto de nosso desejo, seríamos menos facilmente perturbados pelo julgamento errôneo de nossa imaginação.

2. Por vezes, algum pensamento secreto que se esconde dentro de nós, ou mesmo alguma circunstância externa, nos desvia do caminho. Muitos estão secretamente buscando seus próprios fins no que fazem, mas não sabem disso. Parecem viver em paz de espírito enquanto as coisas vão bem e segundo seus desejos, mas se seus desejos são frustrados e quebrados, imediatamente ficam abalados e descontentes. A diversidade de sentimentos e de opiniões provoca, muitas vezes, dissensões entre amigos, entre conterrâneos, entre homens religiosos e piedosos.

3. Os costumes estabelecidos não são facilmente abandonados, e nenhum homem é facilmente levado a ver com a perspectiva de outro. Se você confiar mais em sua própria razão ou experiência do que no poder de Jesus Cristo, sua luz virá lenta e dificilmente, pois Deus deseja que estejamos perfeitamente sujeitos a Ele, e que toda a nossa razão seja exaltada por amor abundante a Ele.

Capítulo XV
Das obras de caridade

Por nenhum bem mundano, e por amor a ninguém, deve ser feito algo que seja mau, mas para a ajuda dos que sofrem, uma boa obra às vezes deve ser adiada ou trocada por uma melhor; pois assim uma boa obra não é destruída, mas melhorada. Sem caridade, nenhuma obra é proveitosa, mas tudo o que é feito com caridade, por menor que seja e sem reputação, produz bons frutos; pois Deus realmente considera o que um homem é capaz de fazer, mais do que a grandeza do que ele faz.

2. Aquele que muito ama faz muito. Faz muito aquele que faz bem. Faz bem aquele que ministra ao bem público e não ao seu próprio. Muitas vezes, o que parece ser caridade é, na verdade, carnalidade, porque brota da inclinação natural, da obstinação, da esperança de retribuição, do desejo de ganho.

3. Aquele que tem a verdadeira e perfeita caridade não busca de forma alguma o seu próprio bem, mas deseja que somente Deus seja totalmente glorificado. Ele não inveja ninguém, porque não almeja nenhuma alegria egoísta; nem deseja regozijar-se em si, mas deseja ser abençoado em Deus como o bem mais elevado. Ele não atribui o bem a ninguém, exceto a Deus, a Fonte de onde procede todo o bem, o Fim, a Paz, a alegria de todos os Santos. Oh! Aquele que tem apenas uma centelha de verdadeira caridade, aprendeu verdadeiramente que todas as coisas mundanas são cheias de vaidade.

Capítulo XVI
De suportar as falhas dos outros

As coisas que um homem não pode corrigir em si ou nos outros, ele deve suportar pacientemente, até que Deus ordene o contrário. Lembre-se de que talvez seja melhor para sua provação e paciência, sem as quais nossos méritos têm pouco valor. Contudo, quando encontrar tais impedimentos, deve suplicar a Deus que conceda sustentá-lo, para que seja capaz de suportá-los com boa vontade.

2. Se alguém que foi admoestado uma ou duas vezes se recusar a ouvi-lo, não brigue com ele, mas entregue tudo a Deus, para que Sua vontade seja feita e Sua honra, seja demonstrada em Seus servos, pois Ele sabe como converter o mal em bem. Esforce-se para ser paciente, suportando os defeitos e enfermidades dos outros, sejam eles quais forem, pois, você também tem muitas coisas que precisam ser suportadas por outros. Se você não consegue fazer de si o que deseja, como poderá moldar outra pessoa a seu gosto? Estamos prontos para ver os outros aperfeiçoados, mas não corrigimos as nossas próprias falhas.

3. Desejamos que os outros sejam corrigidos com rigor, mas nós mesmos não queremos ser corrigidos. A liberdade dos outros nos desagrada, mas estamos insatisfeitos com o fato de que nossos próprios desejos nos sejam negados. Desejamos que sejam estabelecidas regras que restrinjam os outros, mas de forma alguma permitiremos que sejamos restringidos. Assim, portanto, fica claro como raramente pesamos o nosso próximo na mesma balança que nós mesmos. Se todos os homens fossem perfeitos, o que teríamos de sofrer dos outros por causa de Deus?

4. Mas agora Deus assim ordenou, para que aprendamos a suportar os fardos uns dos outros, porque ninguém está isento de defeitos, ninguém é isento de fardos, ninguém é suficiente por si, ninguém é suficientemente sábio; mas cabe a nós suportarmos uns aos outros, consolarmos uns aos outros, ajudarmos, instruirmos e admoestarmos uns aos outros. A força que cada um tem é bem mais demonstrada pelas ocasiões de adversidade, pois tais ocasiões não tornam o homem frágil, mas mostram a sua natureza.

Capítulo XVII
De uma vida religiosa

Cabe a você aprender a mortificar-se em muitas coisas, se quiser viver em amizade e concórdia com outros homens. Não é pouco morar em uma comunidade ou congregação religiosa, e viver nela sem reclamar e permanecer fiel até a morte. Bem-aventurado aquele que viveu uma vida boa em um corpo assim e a levou a um final feliz. Se você permanecer firme e lucrar como deve, considere-se um exilado e peregrino na Terra. Você terá que ser considerado um tolo por Cristo, se quiser levar uma vida religiosa.

2. As roupas e a aparência externa são de pouca importância; é a mudança de caráter e a mortificação completa das afeições que fazem um homem verdadeiramente religioso. Aquele que não busca nada além de Deus e a saúde de sua alma, encontrará apenas tribulação e tristeza. Nem pode permanecer em paz por muito tempo aquele que não se esforça para ser o menor de todos e o servo de todos.

3. Você foi chamado para perseverar e trabalhar, não para uma vida de facilidade e conversas fúteis. Portanto, aqui estão homens provados como ouro na fornalha. Nenhum homem pode resistir, a menos que, de todo o coração, se humilhe por amor a Deus.

Capítulo XVIII
Sobre o exemplo dos santos padres

Considere agora os exemplos vivos dos santos padres, nos quais brilharam a verdadeira perfeição e religião, e você verá como tudo o que fazemos é pouco, quase nada. Ah! O que é a nossa vida quando comparada com a deles? Eles, santos e amigos de Cristo como eram, serviram ao Senhor na fome e na sede, com frio e nudez, com trabalho e cansaço, nas vigílias e jejuns, com oração e meditações sagradas, nas perseguições e em muitas repreensões.

2. Quantas e dolorosas tribulações suportaram os apóstolos, mártires, confessores, as virgens; e todos os outros que seguiram os passos de Cristo. Pois, eles odiaram suas almas neste mundo para que pudessem guardá-las para a vida eterna. Oh! Quão rigorosa e retraída foi a vida dos santos padres que habitaram no deserto! Que longas e dolorosas tentações eles sofreram! Quantas vezes foram atacados pelo inimigo! Que frequentes e fervorosas orações ofereceram a Deus! Que jejuns rigorosos suportaram! Que fervoroso zelo e desejo pelo lucro espiritual manifestaram! Quão bravamente lutaram para que seus vícios não ganhassem o domínio! Quão completa e firmemente eles buscaram a Deus! Durante o dia trabalhavam e à noite dedicavam-se muitas vezes à oração; sim, mesmo quando estavam trabalhando, não cessavam de orar mentalmente.

3. Eles gastavam todo o seu tempo de forma proveitosa; todas as horas pareciam curtas para o retiro com Deus; e através da grande doçura da contemplação, até a necessidade de refrigério corporal era esquecida. Eles renunciavam a todas as riquezas, dignidades, honras, amigos, parentes; não desejavam nada do mundo; comiam o necessário para a vida; não estavam dispostos a cuidar do corpo, nem mesmo por necessidade. Assim, eles eram pobres em coisas terrenas, mas ricos acima de qualquer medida em graça e virtude. Embora pobres aos olhos externos, por dentro estavam cheios de graça e bênçãos celestiais.

4. Eles eram estranhos ao mundo, mas para Deus eram como parentes e amigos. Para si, pareciam sem reputação e, aos olhos do mundo, desprezíveis; mas, aos olhos de Deus, eram preciosos e amados. Permaneceram firmes na verdadeira humildade, viveram em simples obediência, caminharam em amor e paciência; e assim se fortaleceram em espírito e obtiveram grande favor diante de Deus. Eles foram dados como exemplo a todos os homens religiosos, e devem mais nos estimular a viver bem do que o número de mornos que nos tenta a viver sem cuidado.

5. Quão grande era o amor de todas as pessoas religiosas no início desta instituição sagrada! Quanta devoção na oração! Quanta rivalidade na santidade! Que disciplina rigorosa era observada! Quanta reverência e obediência sob o governo do mestre demonstravam em todas as coisas! Os vestígios deles que permanecem até hoje testemunham que foram homens verdadeiramente santos e perfeitos, que lutaram tão bravamente para pisar no mundo. Ora, um homem é considerado grande se não for um transgressor e se puder suportar com paciência o que empreendeu.

6. Ó! Frieza e negligência de nossos tempos, que tão rapidamente nos afastamos do antigo amor, e que se tornou um cansaço viver, por causa da preguiça e da fraqueza. Que o progresso na santidade não adormeça totalmente em você, que muitas vezes viu tantos exemplos de homens devotos!

Capítulo XIX
Sobre os exercícios de um homem religioso

A vida de um cristão deve ser adornada com todas as virtudes, para que ele seja interiormente o que aparenta exteriormente aos homens. E, em verdade, deve ser ainda melhor por dentro do que por fora, pois Deus é quem discerne nosso coração, a quem devemos reverenciar de todo o coração, onde quer que estejamos, e andar puros em Sua presença, como fazem os anjos. Devemos renovar diariamente nossos votos e acender nossos corações ao zelo, como se cada dia fosse o primeiro de nossa conversão, e dizer: "Ajuda-me, ó Deus, em minhas boas resoluções e em Teu santo serviço, e conceda que eu possa iniciar bem, pois até agora não fiz nada!"

2. De acordo com a nossa determinação, assim é o ritmo do nosso progresso, e é necessária muita diligência para aquele deseja progredir. Pois, se aquele que toma decisões corajosas muitas vezes falha, como será com aquele que toma decisões raras ou fracas? Contudo, múltiplas causas provocam o abandono da nossa determinação, mas uma omissão trivial de exercícios sagrados dificilmente pode ser feita sem alguma perda para nós. A resolução dos justos depende mais da graça de Deus do que de sua própria sabedoria; pois Nele eles sempre depositam sua confiança, seja o que for que tomem em suas mãos. "Porque o homem propõe, mas Deus dispõe; e o caminho do homem não está em si."[8]

3. Se um exercício sagrado for às vezes omitido devido a algum ato de piedade ou de alguma bondade fraternal, ele poderá ser facilmente retomado mais tarde; mas se for negligenciado por aversão ou preguiça, então é pecaminoso e o mal será sentido. Por mais que nos esforcemos, ainda assim ficaremos aquém em muitas coisas. Sempre devemos tomar alguma resolução clara; e, acima de tudo, devemos lutar contra os pecados que mais facilmente nos assolam. Tanto a nossa vida exterior como a nossa vida interior devem ser rigorosamente examinadas e governadas por nós, porque ambas têm a ver com o nosso progresso.

4. Se não puder estar sempre se examinando, poderá fazê-lo em certas ocasiões, e pelo menos duas vezes ao dia, de noite e pela manhã. Pela manhã, tome suas decisões e, à noite, examine em sua vida, como passou o dia em palavras, atos e pensamentos; pois, dessa maneira, muitas vezes, ofendeu a Deus e ao próximo. Cingir seus leões como um homem contra os ataques do diabo; refrear seu apetite, e logo você conseguirá refrear toda inclinação da carne. Nunca fique sem algo para fazer; leia, escreva, ore, ou medite, ou faça

---
8 Jeremias, 10:23.

algo que seja útil à comunidade. Os exercícios corporais, entretanto, devem ser realizados com discrição e não devem ser usados por todos da mesma forma.

5. Os deveres que não são comuns a todos não devem ser cumpridos abertamente, mas são mais seguros se realizados em segredo. Porém, tome cuidado para não ser imprudente nos deveres comuns, e mais devoto nos secretos; mas cumpra fiel e honestamente os deveres e mandamentos que recaem sobre você, e depois, se ainda tiver tempo livre, entregue-se a si conforme sua devoção o conduzir. Nem todos podem fazer um único exercício, mas um é mais adequado para este homem e outro para aquele. Até mesmo para a diversidade de estações são necessários diferentes exercícios, alguns mais adequados para festas, outros para jejuns. Precisamos de um tipo em tempos de tentações e outros em tempos de paz e tranquilidade. Alguns são adequados para nossos momentos de tristeza, e outros para quando estamos alegres no Senhor.

6. Quando nos aproximamos da época das grandes festas, os bons exercícios devem ser renovados e as orações dos homens santos solicitadas com mais fervor. Devemos tomar nossas decisões de uma festa para outra, como se cada uma fosse o período de nossa partida deste mundo e de entrada na festa eterna. Portanto, devemos nos preparar seriamente em épocas solenes, e ainda mais solenemente para viver, e manter a mais rigorosa vigilância em cada santa observância, como se em breve fôssemos receber a recompensa de nosso trabalho das mãos de Deus.

7. E se isso for adiado, acreditemos que ainda não estamos preparados e que ainda não somos dignos da glória que será revelada em nós no tempo determinado; e estudemos para nos preparar melhor para o nosso fim. "Bem-aventurado é o servo, como diz o evangelista Lucas, que, quando o Senhor vier, achará vigiando. Em verdade vos digo que Ele o porá sobre todos os seus."[9]

Capítulo XX
Do amor à solidão e ao silêncio

Procure um momento adequado para sua meditação e pense frequentemente nas misericórdias de Deus para com você. Deixe de lado perguntas curiosas. Estude assuntos que lhe tragam tristeza pelo pecado, em vez de diversão. Se você se afastar de conversas fúteis e de atividades ociosas, bem como de novidades e fofocas, verá que seu tempo será suficiente e adequado para uma boa meditação. Os maiores santos evitavam ao máximo a companhia dos homens e preferiam viver em segredo com Deus.

---
9 Lucas, 12:43-44.

2. Alguém disse: "Sempre que estive entre os homens, muitas vezes voltei menos homem". Isso é o que frequentemente experimentamos quando conversamos por muito tempo. Pois é mais fácil ficar totalmente calado do que não se exceder em palavras. É mais fácil permanecer escondido em casa do que manter guarda suficiente sobre si fora de casa. Aquele, portanto, que visa alcançar o que é oculto e espiritual, deve ir com Jesus "longe da multidão". Nenhum homem sai com segurança para o exterior que não goste de descansar em casa. Nenhum homem fala com segurança, exceto aquele que ama manter sua paz. Nenhum homem governa com segurança, exceto aquele que ama estar sujeito. Ninguém ordena com segurança, exceto aquele que ama obedecer.

3. Ninguém se alegra com segurança, exceto aquele que tem dentro de si o testemunho de uma boa consciência. A ousadia dos santos sempre esteve repleta do temor de Deus. Nem eram menos sinceros e humildes em si, porque brilhavam com grandes virtudes e graça. Mas a ousadia dos homens ímpios nasce do orgulho e da presunção e, por fim, leva à sua própria confusão. Nunca prometa segurança a si nesta vida, por melhor monge que seja ou devoto solitário que você pareça.

4. Frequentemente, aqueles que têm a maior estima dos homens caem mais gravemente por causa de sua confiança excessiva. Portanto, é bem proveitoso para muitos que não estejam isentos de tentações interiores, mas que sejam frequentemente atacados, para que não se tornem demasiadamente confiantes, para que não se elevem de fato ao orgulho, ou para que não se apoiem livremente nas consolações do mundo. Ó! Quão boa deve ser a consciência daquele homem que nunca buscou uma alegria passageira, que nunca se envolveu com o mundo! Ó! Quão grande paz e tranquilidade deveria possuir aquele que se livrasse de todos os cuidados vãos, pensasse apenas em coisas saudáveis e divinas e construísse toda a sua esperança em Deus!

5. Nenhum homem é digno da consolação celestial, exceto aquele que se exercitou diligentemente na santa compunção. Se você sentir remorso em seu coração, entre em seu quarto e deixe os tumultos do mundo, como está escrito: "Comungue com seu próprio coração em seu próprio quarto e fique quieto."[10] No retiro, você encontrará o que muitas vezes perderá no exterior. O retiro, se você continuar nele, será doce, mas se não permanecer nele, se cansará. Se, no início de sua conversa, você permanecer e a mantiver bem, mais tarde ela será para você um amigo querido e um consolo muito agradável.

6. Em silêncio e quietude, a alma devota avança e aprende as coisas ocultas das Escrituras. Nele ela encontra uma fonte de lágrimas, na qual pode se lavar e se purificar todas as noites, a fim de se tornar mais querida por seu Criador à medida que se afasta de todas as distrações mundanas. Para aquele que se afasta de seus conhecidos e amigos, Deus e seus santos anjos se aproximarão.

---

10 Salmos, 4:4.

É melhor ser desconhecido e cuidar de si do que se negligenciar e fazer maravilhas. É louvável para um homem religioso sair raramente, fugir de ser visto, não ter desejo de ver os homens.

7. Por que você quer ver o que não pode ter? O mundo passa, e a sua concupiscência. Os desejos da sensualidade te atraem para fora, mas, passada uma hora, o que trazes para casa, senão um peso na consciência e uma pertubação no coração? Uma saída alegre traz muitas vezes um retorno triste, e uma noite alegre torna uma manhã triste? Assim, toda alegria carnal começa agradavelmente, mas no fim corrói e destrói. O que você pode ver no exterior que não vê em casa? Contemple o céu, a terra e os elementos, pois deles são feitas todas as coisas.

8. O que você pode ver em qualquer lugar que possa continuar por muito tempo sob o sol? Você acredita, porventura, que ficará satisfeito, mas nunca conseguirá alcançar isso. Se você visse todas as coisas diante de si de uma vez, o que seria senão uma visão vã? Eleve seus olhos a Deus nas alturas e ore para que seus pecados e negligências sejam perdoados. Deixe as coisas vãs para os homens vãos e cuide das coisas que Deus lhe ordenou. Feche a porta e chame para si Jesus, seu amado. Permaneça com Ele em seu quarto, pois não encontrará paz tão grande em outro lugar. Se não saísse e nem ouvisse conversas vãs, seria melhor que se conservasse em paz. Mas, como às vezes lhe agrada ouvir coisas novas, você deve sofrer com problemas de coração.

Capítulo XXI
Do arrependimento de coração

Se quiser progredir, mantenha-se no temor de Deus e não almeje ser livre demais, mas restrinja todos os seus sentidos sob disciplina e não se entregue à alegria sem sentido. Entregue-se à compaixão ao arrependimento de coração e você encontrará devoção. O remorso abre caminho para muitas coisas boas, que a dissolubilidade costuma perder rapidamente. É maravilhoso que qualquer homem possa se alegrar sinceramente nesta vida, considerando e pesando seu banimento e os diversos perigos que cercam sua alma.

2. Devido à leviandade de coração e a negligência de nossas deficiências, não sentimos as tristezas de nossa alma, mas muitas vezes, rimos em vão quando temos bons motivos para chorar. Não há verdadeira liberdade nem alegria real, exceto no temor de Deus com uma boa consciência. Feliz é aquele que consegue se livrar de todas as causas de distração e se dedicar ao único

propósito da santa compunção. Feliz é aquele que afasta de si tudo o que possa manchar ou sobrecarregar sua consciência. Esforce-se com afinco; o costume é superado pelo costume. Se você souber deixar os homens em paz, eles o deixarão em paz para fazer suas próprias obras.

3. Não se ocupe com os assuntos dos outros, nem se envolva com os negócios dos grandes homens. Mantenha seus olhos sempre voltados em si, em primeiro lugar, aconselhe-se especialmente a si antes de todos os seus amigos mais queridos. Se você não tiver o favor dos homens, não se deixe abater por isso, mas deixe que sua preocupação seja o fato de você não se comportar tão bem e com tanta circunspecção, como convém a um servo de Deus e a um monge devoto. Muitas vezes é melhor e mais seguro para um homem não ter muitos confortos nesta vida, especialmente aqueles que dizem respeito à carne. Mas o fato de não termos confortos divinos ou de senti-los raramente é nossa culpa, porque não buscamos arrependimento de coração, nem rejeitamos completamente os confortos que são vãos e mundanos.

4. Saiba que você não é digno da consolação divina, mas sim de muitas tribulações. Quando um homem tem perfeita compunção, então todo o mundo lhe é pesado e amargo. Um homem de bem encontrará motivos suficientes para lamentar e chorar; pois, quer ele considere a si, quer pondere a respeito de seu próximo, ele sabe que ninguém vive aqui sem tribulações, e quanto mais profundamente ele se considera, mais ele se entristece. Existem motivos para tristeza e remorso interior em nossos pecados e vícios, nos quais ficamos tão enredados que raramente somos capazes de contemplar as coisas celestiais.

5. Se você pensasse em sua morte com mais frequência do que na duração de sua vida, sem dúvida se esforçaria mais para melhorar. E se você considerasse seriamente as dores futuras do inferno, creio que suportaria de bom grado o trabalho árduo ou a dor e não temeria a disciplina. Mas como essas coisas não atingem o coração, e ainda amamos as coisas agradáveis, permanecemos frios e miseravelmente indiferentes.

6. Muitas vezes é por causa da pobreza de espírito que o corpo miserável é tão facilmente levado a reclamar. Ore, portanto, humildemente ao Senhor para que Ele lhe dê o espírito de compunção e diga, na linguagem do profeta: "Alimenta-me, ó Senhor, com pão de lágrimas, e dá-me lágrimas em abundância para beber[11]."

---

11 Salmos, 80:5.

Capítulo XXII
Sobre a contemplação da miséria humana

Você é miserável onde quer que esteja e para onde, quer que vá, a menos que se volte para Deus. Por que se perturba se não acontece o que você quer e deseja? Quem é aquele que tem tudo segundo a sua vontade? Nem eu, nem você, nem homem algum sobre a terra. Não há homem no mundo que esteja livre de problemas ou angústias, ainda que seja rei ou papa. Quem é aquele que tem a sorte mais feliz? Aquele que é forte para sofrer algo por Deus.

2. Existem muitos homens tolos e instáveis que dizem: "Veja que vida próspera aquele homem tem, como ele é rico e grande, poderoso e exaltado". Mas levante os olhos para as coisas boas do céu e verá que todas essas coisas mundanas não são nada, são totalmente incertas, sim, são cansativas, porque nunca são possuídas sem cuidado e medo. A felicidade do homem não está na abundância de coisas temporais, mas uma porção moderada lhe basta, é suficiente. Nossa vida na Terra é verdadeiramente miserável. Quanto mais o homem deseja ser espiritual, mais amarga se torna a vida atual para ele, porque melhor compreende e vê os defeitos da corrupção humana. Pois, comer, beber, vigiar, dormir, descansar, trabalhar e estar sujeito às outras necessidades da natureza é realmente uma grande miséria e aflição para um homem devoto, que desejaria sentir-se isento e livre de todo pecado.

3. Pois o homem interior está muito sobrecarregado com as necessidades do corpo neste mundo. Por isso, o profeta ora devotamente para ser liberto delas, dizendo: "Livra-me das minhas necessidades, ó Senhor[12]." Mas ai daqueles que não conhecem sua própria miséria, e ainda mais ai daqueles que amam esta vida miserável e corruptível. Porque alguns se apegam a ela a tal ponto (mesmo que, trabalhando ou mendigando, mal consigam o necessário para a subsistência) que, se pudessem viver aqui para sempre, não se importariam com o Reino de Deus.

4. Ó, tolos e infiéis de coração, que estão tão profundamente enterrados nas coisas mundanas, que não apreciam nada além das coisas da carne! Miseráveis! Eles tristemente descobrirão, por fim, quão vil e inútil era aquilo que amavam. Os santos de Deus e todos os amigos leais de Cristo não consideravam nada das coisas que agradavam à carne, ou das que floresciam nesta vida, mas toda a sua esperança e afeição aspiravam as coisas que estão no alto. Todo o seu desejo elevava-se para as coisas eternas e invisíveis, para que não fossem atraídos para baixo por amor das coisas visíveis.

---
12 Salmos, 25:17.

5. Não perca, irmão, seu desejo leal de progredir para as coisas espirituais. Ainda há tempo, a hora não passou. Por que adiar sua resolução? Levante-se, comece neste exato momento e diga: "Agora é a hora de fazer: agora é a hora de lutar, agora é o momento apropriado para a emenda". Quando você está pouco à vontade e perturbado, esse é o momento em que você está mais próximo da bênção. Você deve passar por fogo e água para que Deus possa levá-lo a um lugar rico. A menos que se esforce, você não vencerá suas falhas. Enquanto carregarmos conosco este corpo frágil, não poderemos ficar sem pecado, não poderemos viver sem cansaço e problemas. De bom grado teríamos descanso de toda miséria; mas, como pelo pecado perdemos a inocência, perdemos também a verdadeira felicidade. Portanto, devemos ser pacientes e esperar pela misericórdia de Deus, até que essa tirania seja vencida e a mortalidade, seja engolida pela vida.

6. Quão grande é a fragilidade do homem, que está sempre propenso ao mal! Hoje você confessa seus pecados, e amanhã comete novamente os pecados que confessou. Agora você decide evitar uma falha, e em uma hora, comporta-se como se nunca tivesse decidido nada. Temos, portanto, boas razões para nos humilharmos e nunca nos enaltecermos, visto que somos tão frágeis e instáveis. E rapidamente podemos perder, por nossa negligência, aquilo que, com muito trabalho, dificilmente foi alcançado por meio da graça.

7. O que será de nós no final, se no início formos mornos e ociosos? Ai de nós, se decidirmos descansar, como se fosse um tempo de paz e segurança, enquanto ainda não aparecem sinais de verdadeira santidade em nossa vida. Precisamos antes começar de novo, como bons noviços, a ser instruídos a viver bem, se por acaso houver esperança de alguma correção futura e maior crescimento espiritual.

Capítulo XXIII
Da meditação sobre a morte

Muito em breve você terá um fim aqui; preste atenção em como será sua vida em outro mundo. Hoje o homem existe e amanhã não será mais visto. E, se for removido da vista, rapidamente também será removido da mente. Oh, a estupidez e a dureza do coração do homem, que pensa apenas no presente e não olha para o futuro. Em cada ação e pensamento, você deve se organizar como se fosse morrer hoje. Se você tivesse uma boa consciência, não temeria muito a morte. Seria melhor para você vigiar contra o pecado do que fugir da morte. Se hoje você não está pronto, como estará pronto amanhã? Amanhã é um dia incerto; e como você sabe que terá um amanhã?

2\. De que adianta viver muito, se nos corrigimos tão pouco? Ah! A vida nem sempre corrige, mas muitas vezes aumenta a culpa. Oh, se pudéssemos passar um único dia neste mundo como ele deveria ser passado! Muitos são os que contam os anos desde que se converteram e, no entanto, muitas vezes, quão pouco é o fruto disso. Se morrer é algo terrível, talvez seja ainda pior viver muito. Feliz é o homem que tem sempre diante dos olhos a hora de sua morte e se prepara diariamente para morrer. Se já viu alguém morrer, considere que você também passará pelo mesmo caminho.

3\. Quando for de manhã, pense que talvez você não veja a noite e, ao anoitecer, não ouse se gabar do dia seguinte. Esteja sempre pronto e viva para que a morte nunca o encontre despreparado. Muitos morrem repentina e inesperadamente. "Porque na hora em que não pensardes, virá o Filho do Homem."[13] Quando essa última hora chegar, começareis a pensar de maneira muito diferente sobre toda a vossa vida passada e lamenteis amargamente por serdes tão negligentes e preguiçosos.

4\. Feliz e sábio é aquele que agora se esforça para ser na vida o que gostaria de ser encontrado na morte! Por um perfeito desprezo pelo mundo, um desejo fervoroso de se destacar na virtude, o amor à disciplina, a dor do arrependimento, a prontidão para obedecer, a negação de si, a submissão a qualquer adversidade por amor a Cristo; essas são as coisas que darão grande confiança em uma morte feliz. Enquanto estiver com saúde, você terá muitas oportunidades de praticar boas obras; mas quando você estiver doente, não sei o quanto será capaz de fazer. Poucos se tornam melhores pela enfermidade, assim como os que vagueiam muito raramente se tornam santos.

5\. Não confie em seus amigos e parentes, nem adie a obra de sua salvação para o futuro, pois os homens se esquecerão de você mais cedo do que imagina. É melhor agora providenciar a tempo e enviar algum bem antes de você, do que confiar na ajuda de outros. Se você não estiver ansioso por si agora, quem acha que estará ansioso por você depois? O tempo agora é muito precioso. Agora é o tempo aceito, agora é o dia da salvação. Mas, infelizmente, você não gasta bem este tempo, no qual poderia acumular um tesouro que lhe traria benefícios eternos. Chegará a hora em que você desejará um dia, sim, uma hora, para melhorar sua vida, e não sei se conseguirá.

6\. Ó, amado, de que perigo você poderia se livrar, de que grande medo, se ao menos você vivesse sempre apavorado e na expectativa da morte! Esforce-se agora para viver de tal maneira que, na hora da morte, você possa

---

13 Mateus, 24:44.

se alegrar mais do que temer. Aprenda agora a morrer para o mundo, assim você começará a viver com Cristo. Aprenda agora a desprezar todas as coisas terrenas, e então você poderá ir livremente a Cristo. Mantenha seu corpo sob controle por meio da penitência, e então poderá ter uma confiança segura.

7. Ah, tolo! Por que você pensa que viverá muito, quando não tem certeza de um único dia? Quantos foram enganados e repentinamente arrancados do corpo! Quantas vezes você já ouviu falar que um foi morto pela espada, outro se afogou, outro caiu do alto e quebrou o pescoço, outro morreu à mesa, outro enquanto brincava! Um morreu pelo fogo, outro pela espada, outro pela peste, outro pelo ladrão. Assim, a morte chega para todos, e a vida dos homens passa rapidamente como uma sombra.

8. Quem se lembrará de você após a sua morte? E quem suplicará por ti? Trabalhe, trabalhe agora, ó, querido, trabalhe tudo o que puder. Pois, não sabe quando morrerá, nem o que te acontecerá após a morte. Enquanto tem tempo, acumule para si riquezas eternas. Não pense em nada além de sua salvação; preocupe-se somente com as coisas de Deus. "Faça amigos, venerando os santos de Deus e seguindo seus passos, para que, quando falhar, seja recebido nas moradas eternas."[14]

9. Mantenha-se como um estrangeiro e peregrino na terra, a quem as coisas do mundo não pertencem. "Mantenha seu coração livre e elevado a Deus, pois aqui não temos cidade permanente."[15] A Ele dirija suas orações diárias com clamor e lágrimas, para que seu espírito seja considerado digno de passar felizmente após a morte para o seu Senhor. Amém.

Capítulo XXIV
Sobre o julgamento e a punição dos ímpios

Em tudo o que fizer, lembre-se do fim e de como se apresentará diante de um juiz rigoroso, de quem nada se esconde, que não é subornado com presentes nem aceita desculpas, mas que julgará com retidão. Ó, pecador mais miserável e tolo, que às vezes teme o rosto de um homem irado, o que você responderá a Deus, que conhece todos os seus erros? Por que você não se previne para o dia do juízo, quando nenhum homem poderá ser desculpado ou defendido por meio de outrem, mas cada um carregará seu fardo sozinho? Agora o seu trabalho produz frutos, agora o seu choro é aceitável, o seu gemido é ouvido, a sua dor é agradável a Deus e purifica a sua alma.

---

14 Lucas, 16:9.
15 Hebreus, 13:14.

2. Mesmo aqui na Terra, o homem paciente encontra grandes oportunidades de purificar sua alma. Quando sofre injúrias, ele lamenta mais a maldade do outro do que o seu próprio erro; quando ora sinceramente por aqueles que o maltratam e os perdoa de coração; quando não demora a pedir perdão aos outros; quando é mais rápido em se compadecer do que em se irar; quando frequentemente nega a si e se esforça totalmente para subjugar a carne ao espírito. Melhor é agora purificar a alma do pecado do que se apegar aos pecados dos quais devemos ser purificados no futuro. Na verdade, enganamo-nos a nós mesmos pelo amor desordenado que temos para com a carne.

3. O que esse fogo devorará, senão os seus pecados? Quanto mais você se poupar e seguir a carne, mais pesado será o seu castigo e mais lenha acumulará para queimar. Pois onde o homem pecou, aí será punido mais severamente. Ali os preguiçosos serão picados com aguilhões ardentes, e os glutões serão atormentados com fome e sede insuportáveis. Lá os luxuriosos e os amantes dos prazeres serão mergulhados em piche ardente e enxofre fétido, e os invejosos uivarão como cães raivosos, por causa da grande dor.

4. Não haverá pecado que não seja punido com seu próprio castigo. Os orgulhosos ficarão cheios de total confusão, e os avarentos serão atingidos por uma pobreza miserável. A dor de uma hora ali será mais dolorosa do que cem anos aqui da mais amarga penitência. Não haverá tranquilidade, nem consolo para os perdidos, embora aqui às vezes haja alívio da dor e prazer no acolhimento dos amigos. Esteja ansioso agora e triste por seus pecados, para que no dia do julgamento você possa ter coragem com os abençoados. "Pois, então o homem justo permanecerá com grande ousadia diante daqueles que o afligiram e não prestaram contas de seu trabalho."[16] Então se levantará para julgar aquele que agora se submete com humildade aos julgamentos dos homens. Então o homem pobre e humilde terá grande confiança, enquanto o orgulhoso será tomado de medo por todos os lados.

5. Então se verá que ele foi o homem sábio deste mundo que aprendeu a ser tolo e desprezado por Cristo. Então, toda tribulação suportada pacientemente nos deleitará, enquanto a boca dos ímpios será tapada. Então, todo homem piedoso se alegrará e todo homem profano se lamentará. Então a carne aflita se regozijará mais do que se tivesse sido sempre nutrida de delícias. Então a vestimenta humilde se revestirá de beleza, e o manto precioso se esconderá como vil. Então a pequena e pobre cabana será mais elogiada do que o palácio dourado. Então a paciência duradoura será mais poderosa do que todo o poder do mundo. Então, a simples obediência será mais exaltada do que toda a sabedoria mundana.

6. Então, uma consciência pura e boa se alegrará mais do que uma filosofia erudita. Então, o desprezo pelas riquezas terá mais peso do que os tesouros dos filhos deste mundo. Então, você encontrará mais conforto em ter orado devotamente do que em ter se saído bem. Então, você se alegrará mais por

---

16 Sabedoria, 5:1.

ter guardado silêncio do que por ter falado longamente. Então, as ações sagradas serão muito mais fortes do que muitas palavras bonitas. Então, uma vida rigorosa e uma penitência sincera trarão um prazer mais profundo do que todos os prazeres terrenos. Aprenda agora a sofrer um pouco, para que então você possa escapar de sofrimentos mais pesados. Prove primeiro aqui o que você poderá suportar no futuro. Se agora você é capaz de suportar tão pouco, como poderá suportar os tormentos eternos? Se agora um pouco de sofrimento te deixa tão impaciente, o que fará então o fogo do inferno? Tenha certeza de que você não pode de ter dois paraísos: saciar-se ou deleitar-se aqui neste mundo e reinar com Cristo no futuro.

7. Se até hoje você tivesse vivido em honras e prazeres, de que lhe serviria tudo isso se a morte lhe sobreviesse num instante? Portanto, tudo é vaidade, exceto amar a Deus e servi-lo somente. Pois, aquele que ama a Deus de todo o coração não teme a morte, nem o castigo, nem o julgamento, nem o inferno, porque o amor dá acesso seguro a Deus. Mas aquele que ainda se deleita no pecado, não é de admirar que tenha medo da morte e do julgamento. Todavia, é bom que, se o amor ainda não pode refreá-lo do mal, que ao menos o temor do inferno o detenha. Mas aquele que deixa de lado o temor de Deus não pode permanecer no bem por muito tempo, mas depressa cairá nas armadilhas do diabo.

Capítulo XXV
Da zelosa emenda de toda a nossa vida

Seja vigilante e diligente no serviço de Deus e pense frequentemente por que renunciou ao mundo. Não foi para viver para Deus e se tornar um homem espiritual? Seja zeloso, portanto, pelo seu benefício espiritual, logo receberá a recompensa de seu trabalho e nem o medo, nem a tristeza entrarão mais em suas fronteiras. Trabalhe agora um pouco e encontrará grande descanso, sim, alegria eterna. Se você permanecer fiel e zeloso no trabalho, não duvide de que Deus será fiel e generoso em recompensá-lo. É seu dever ter uma boa esperança de que alcançará a vitória, mas não deve cair na segurança para não se tornar preguiçoso ou arrogante.

2. Um certo homem, que estava com a mente ansiosa, sempre oscilando entre a esperança e o medo, certo dia foi dominado pela tristeza, prostrou-se em oração diante do altar de uma igreja e meditou consigo mesmo, dizendo: "Oh! Se eu soubesse que ainda devo perseverar", e logo ouviu uma voz de Deus: "E se você soubesse, o que faria? Faça agora o que faria naquele momento, e você estará muito seguro." E imediatamente, sendo consolado e fortalecido, ele se entregou à vontade de Deus, e a perturbação de espírito cessou, nem ele tinha mais vontade de pesquisar curiosamente para saber o que lhe aconteceria no futuro, mas estudava antes para saber qual era a boa e agradável vontade de Deus, para o início e aperfeiçoamento de toda boa obra.

3. "Espere no Senhor e faça o bem, diz o Profeta; habite na terra e serás alimentado"[17] com suas riquezas. Há uma coisa que impede muitos de progredirem e de se emendarem fervorosamente, o medo da dificuldade ou o trabalho do conflito. No entanto, avançam mais o que todos os outros em virtude aqueles que se esforçam corajosamente para vencer as coisas que são mais penosas e contrárias, pois o homem lucra mais e merece maior graça quando mais se supera e se mortifica em espírito.

4. Mas nem todos os homens têm as mesmas paixões para vencer e mortificar, contudo, aquele que é diligente obterá mais proveito, embora tenha paixões mais fortes do que outro que é mais temperante na disposição, mas é, ao mesmo tempo, menos fervoroso na busca de virtude. Duas coisas são especialmente úteis para o aperfeiçoamento da santidade, a saber, a firmeza para nos afastarmos do pecado ao qual, por natureza, estamos mais inclinados e o zelo fervoroso por aquele bem que mais nos falta. E esforce-se também muito seriamente para evitar e subjugar os defeitos que mais frequentemente o desagradam nos outros.

5. Obtenha algum benefício para sua alma onde quer que você esteja, e onde quer que veja ou ouça bons exemplos, esforce-se para segui-los, mas onde quer que veja algo censurável, tome cuidado para não fazer o mesmo; ou se em algum momento o tiver feito, esforce-se rapidamente para se corrigir. Assim como os seus olhos observam os outros, os olhos dos outros estão sobre você. Quão doce e agradável é ver irmãos zelosos e piedosos, temperantes e de boa disciplina; e quão triste e doloroso é vê-los andando desordenadamente, não praticando os deveres para os quais foram chamados. Quão prejudicial é negligenciar o propósito de seu chamado e direcionar suas inclinações para coisas que não lhe dizem respeito.

6. Esteja atento aos deveres que assumiu e coloque sempre diante de si a lembrança do Crucificado. Ao olhar para a vida de Jesus Cristo, você deve realmente se envergonhar por ainda não ter se esforçado para se conformar mais a Ele, embora já esteja há muito tempo no caminho de Deus. Um homem religioso que se exercita com seriedade e devoção na santíssima vida e paixão de nosso Senhor encontrará ali abundantemente todas as coisas que lhe são proveitosas e necessárias, nem há necessidade de buscar algo melhor além de Jesus. Oh! Se Jesus crucificado entrasse em nossos corações, quão rápida e completamente teríamos aprendido tudo o que precisamos saber!

7. Aquele que é sincero recebe e suporta bem todas as coisas que lhe são impostas. Aquele que é descuidado e morno enfrenta problemas após problemas, e sofre angústia por todos os lados, porque não tem consolo interior e está proibido de buscar o que é exterior. Aquele que vive sem disciplina está exposto a uma terrível ruína. Aquele que busca uma disciplina mais fácil e leve estará sempre angustiado, porque uma coisa ou outra lhe causará desagrado.

---

17 Salmos, 37:3.

8. Ó! Se não tivéssemos outro dever a não ser louvar ao Senhor nosso Deus com todo o nosso coração e voz! Se você nunca tivesse necessidade de comer, beber ou dormir, mas pudesse sempre louvar a Deus e se dedicar somente aos exercícios espirituais, seria muito mais feliz do que agora, quando, por causa de tantas necessidades, você precisa servir à carne. Oh! Não fossem essas necessidades, mas apenas o refresco espiritual da alma, que, infelizmente, raramente provamos.

9. Quando um homem chega a este ponto de não buscar conforto em nenhuma coisa criada, então ele começa a desfrutar perfeitamente de Deus, então ele também ficará bem satisfeito com tudo o que lhe acontecer. Então não se regozijará por muito nem se entristecerá por pouco, mas se entregará inteiramente e com plena confiança a Deus, que é tudo em tudo para ele, para quem nada perece nem morre, mas todas as coisas vivem para Ele e obedecem a todas as Suas palavras sem demora.

10. Lembre-se sempre do seu fim e de como o tempo perdido não volta. Sem cuidado e diligência, você nunca obterá virtude. Se você começar a esfriar, isso o adoecerá, mas se você se entregar ao zelo, encontrará muita paz e seu trabalho será mais leve por causa da graça de Deus e do amor à virtude. Um homem zeloso e diligente está pronto para todas as coisas. É mais trabalhoso resistir aos pecados e às paixões do que se dedicar aos trabalhos corporais. Aquele que não evita as pequenas faltas, pouco a pouco cai nas maiores. Ao anoitecer, você sempre se alegrará se passar o dia proveitosamente. Cuide de si, desperte-se, admoeste-se e, seja como for com os outros, não se negligencie. Quanto mais violência você cometer contra si, mais lucrará. Amém.

Gravura que retrata Tomás de Kempis, datada entre 1865 e 1870, com autoria de Johann Heinrich Maria Hubert Rennefeld (1832-1877).

O SEGUNDO LIVRO DE ADVERTÊNCIAS RELATIVAS À VIDA INTERIOR

Capítulo I
Da vida interior

"O reino de Deus está dentro de você"[18], diz o Senhor. Volte-se de todo o coração para o Senhor e abandone este mundo miserável, e você encontrará descanso para sua alma. Aprenda a desprezar as coisas exteriores e a entregar-se às coisas interiores, e você verá o reino de Deus nascer em você. Pois o reino de Deus é paz e alegria no Espírito Santo, e isso não é dado aos ímpios. Cristo virá até você e lhe mostrará Seu consolo, se preparar uma mansão digna para Ele dentro de você. Toda a Sua glória e beleza vêm de dentro, e ali que Ele tem prazer em habitar. Ele frequentemente visita o homem interior e mantém com ele um doce diálogo, dando-lhe um consolo reconfortante, muita paz e uma amizade extremamente maravilhosa.

2. Vá, alma fiel, prepare seu coração para esse noivo, para que ele possa habitar em você, pois assim diz: "Se alguém me ama, guardará minhas palavras; e meu Pai o amará, e viremos a ele e faremos nele morada."[19] Dê, portanto, lugar a Cristo e recuse a entrada a todos os outros. Quando você tem Cristo, você é rico e tem o suficiente. Ele será seu provedor e fiel vigia em todas as coisas, para que você não precise confiar nos homens, pois eles logo mudam e passam rapidamente, mas Cristo permanece para sempre e permanece firmemente até o fim.

3. Não se deve depositar grande confiança em um homem frágil e mortal, mesmo que ele seja útil e querido para nós, nem devem ficar muito tristes se, às vezes, ele se opuser e nos contradizer. Aqueles que estão do seu lado hoje, podem estar contra você amanhã, e muitas vezes eles se viram como o vento. Coloque toda a sua confiança em Deus e deixe que Ele seja o seu temor e o seu amor, Ele mesmo responderá por você e fará o que for melhor. "Aqui não tens cidade permanente"[20], e onde quer que estejas, és um estrangeiro e um peregrino, e nunca terás descanso a menos que estejas intimamente unido a Cristo em ti.

---

18 Lucas, 17:21.
19 João, 14:23.
20 Hebreus, 13:14.

4. Por que você olha para cá e para lá, se este não é o lugar do seu descanso? No céu deve estar a tua habitação, e todas as coisas terrenas devem ser vistas como se estivessem passando. Todas as coisas passam, e você também passa com elas. Não se apegue a elas, para que não sejas levado com elas a perecer. Que a sua contemplação esteja no Altíssimo e que a sua súplica seja dirigida a Cristo sem cessar. Se não puder contemplar as coisas altas e celestiais, descanse na paixão de Cristo e habite voluntariamente em Suas sagradas chagas. Pois se você se voltar devotamente para as feridas de Jesus e para as marcas preciosas dos pregos e da lança, encontrará grande conforto na tribulação, e as injúrias dos homens não o incomodarão muito, e você suportará facilmente suas palavras rudes.

5. Cristo também, quando estava no mundo, foi desprezado e rejeitado pelos homens e, em Sua maior necessidade, foi deixado por Seus conhecidos e amigos para suportar essas afrontas. Cristo estava disposto a sofrer e ser desprezado, e você ousa reclamar de alguém? Cristo teve adversários e opositores, e você deseja que todos os homens sejam seus amigos e benfeitores? Se não estiver disposto a sofrer qualquer adversidade, como poderá ser amigo de Cristo? Sustente-se com Cristo e por Cristo se quiser reinar com Ele.

6. Se uma vez você tivesse entrado na mente de Jesus e tivesse provado pelo menos um pouco de seu terno amor, então não se importaria com sua própria conveniência ou inconveniência, mas se alegraria com os problemas trazidos sobre você, porque o amor de Jesus faz o homem desprezar a si. Aquele que ama Jesus e é interiormente verdadeiro e livre de afeições desordenadas, é capaz de voltar-se prontamente para Deus, elevar-se acima de si em espírito e desfrutar de uma paz frutífera.

7. Aquele que conhece as coisas como elas são e não como são ditas ou parecem ser, é verdadeiramente sábio sendo ensinado mais por Deus do que pelos homens. Aquele que sabe andar por dentro e dar pouco valor às coisas exteriores, não exige lugares nem espera por estações para manter seu relacionamento com Deus. O homem interior rapidamente se recompõe, porque nunca se entrega inteiramente às coisas exteriores. Não há trabalho externo e nem ocupações necessárias em seu caminho, mas, à medida que os eventos acontecem, ele também se adapta a eles. Aquele que é corretamente disposto e ordenado não se importa com a conduta estranha e perversa dos homens. Um homem fica impedido e distraído enquanto é movido pelas coisas exteriores.

8. Se tudo estivesse bem contigo e fosse purificado do mal, todas as coisas contribuiriam para o seu bem e proveito. Por essa razão, muitas coisas te desagradam e muitas vezes te perturbam, porque ainda não está perfeitamente morto para si, nem separado de todas as coisas terrenas. Nada contamina e

confunde tanto o coração do homem quanto o amor impuro pelas coisas criadas. Se você rejeitar o conforto exterior, poderá contemplar as coisas celestiais e frequentemente alegrar-se interiormente.

Capítulo II
De humilde submissão

Não dê muita importância a quem está a seu favor ou contra você, mas preocupe-se apenas com o dever presente e tome cuidado para que Deus esteja com você em tudo o que fizer. Tenha uma boa consciência e Deus o defenderá, pois aquele a quem Deus ajuda, a perversidade do homem não pode ferir. Se você souber como se calar e sofrer, sem dúvida verá a ajuda do Senhor. Ele sabe a hora e a maneira de livrá-lo, portanto, você deve se resignar a Ele. Cabe a Deus ajudar e libertar de toda confusão. Muitas vezes é mais proveitoso, para nos manter em maior humildade, que os outros conheçam e repreendam as nossas falhas.

2. Quando um homem se humilha por seus defeitos, ele facilmente pacifica os outros e rapidamente satisfaz aqueles que estão com raiva dele. Deus protege e liberta o homem humilde, Ele ama e conforta o homem humilde, ao homem humilde Ele se inclina, ao humilde Ele concede grande graça, e quando ele é abatido, o eleva à glória: ao humilde revela seus segredos, e docemente o atrai e o convida para si. O homem humilde, tendo recebido reprovação, ainda está em paz suficiente, porque descansa em Deus e não no mundo. Não considere que você tenha lucrado de forma alguma, a menos que se sinta inferior a todos.

Capítulo III
Do homem bom e pacífico

Primeiro, mantenha-se em paz e então, você será capaz de ser um pacificador para os outros. Um homem pacífico faz mais bem do que um homem instruído. O homem apaixonado transforma até o bem em mal e acredita facilmente no mal; o homem bom e pacífico converte todas as coisas em bem. Aquele que vive em paz não desconfia de ninguém, mas aquele que está descontente e inquieto é alvo de muitas suspeitas e não fica quieto nem permite que os outros fiquem. Muitas vezes diz o que não deveria dizer e omite o que lhe seria mais conveniente fazer. Ele considera os deveres a que os outros estão obrigados e negligencia aqueles a que ele mesmo está obrigado.

Portanto, seja zeloso primeiro por si, e então poderá ser zeloso com justiça pelo seu próximo.

2. Você sabe bem como desculpar e colorir suas próprias ações, mas não aceita as desculpas dos outros. Seria mais justo acusar-se e desculpar seu irmão. Se quer que os outros o suportem, suporte os outros. Veja como você continua longe da verdadeira caridade e humildade, que não sabe como ficar com raiva ou indignação contra ninguém, exceto contra si. Não é grande coisa misturar-se com os bons e os mansos, pois isso é naturalmente agradável a todos, e cada um de nós desfruta voluntariamente da paz e gosta mais daqueles que pensam conosco; mas conseguir viver pacificamente com os duros e perversos, ou com os desordeiros, ou com aqueles que se opõem a nós, isso é uma grande graça e algo muito louvável, e muito digno de um homem.

3. Há quem se mantenha em paz e mantenha a paz também com os outros, e há quem não tenha paz e nem permita que outros tenham; são problemáticos para os outros, mas sempre mais problemáticos para si. E há aqueles que se mantêm em paz e estudam para levar outros à paz; no entanto, toda a nossa paz nesta vida triste reside no sofrimento humilde e não em não sentir as adversidades. Aquele que melhor souber terá mais paz; esse homem é vencedor de si e senhor do mundo, amigo de Cristo e herdeiro do céu.

Capítulo IV
De uma mente pura e intenções simples

Por duas asas, o homem é elevado acima das coisas terrenas, até mesmo pela simplicidade e pureza. A simplicidade deve estar na intenção, a pureza no afeto. A simplicidade alcança Deus, a pureza O apreende e O saboreia. Nenhuma boa ação lhe será desagradável se você estiver livre de afeição excessiva. Se você buscar e não procurar nada além da vontade de Deus e do benefício do próximo, desfrutará inteiramente da liberdade interior. Se o seu coração fosse correto, então toda criatura seria um espelho da vida e um livro de santa doutrina. Não existe criatura tão pequena e vil que não nos mostre a bondade de Deus.

2. Se você fosse bom e puro por dentro, então olharia para todas as coisas sem mágoa e as compreenderia corretamente. Um coração puro vê as profundezas do céu e do inferno. Assim como cada um é interiormente, assim julga exteriormente. Se há alguma alegria no mundo, certamente o homem de coração puro a possui, e se houver tribulação e angústia em algum lugar, a má consciência a conhece melhor. Assim como o ferro lançado ao fogo perde a ferrugem e fica totalmente incandescente, o homem que se volta totalmente para Deus é libertado da preguiça e transformado em um novo homem.

3. Quando um homem começa a ficar morno, teme um pouco de trabalho e aceita de bom grado o consolo externo; mas quando começa a vencer a si e trilhar corajosamente o caminho de Deus, considera como nada aquelas coisas que antes lhe pareciam tão penosa.

Capítulo V
Da autoestima

Não podemos ter pouca confiança em nós mesmos, porque muitas vezes nos falta graça e compreensão. Há pouca luz em nosso interior, e o que temos, perdemos rapidamente por negligência. Muitas vezes não percebemos quão grande é a nossa cegueira interior. Muitas vezes fazemos o mal e o desculpamos piormente. Às vezes, somos movidos pela paixão e consideramos isso zelo; culpamos as pequenas falhas dos outros e ignoramos as grandes falhas em nós mesmos. Rapidamente sentimos e avaliamos o que suportamos nas mãos dos outros, mas não refletimos o quanto os outros estão suportando de nós. Aquele que pesa bem e corretamente suas próprias ações, não seria o homem certo para julgar severamente os outros.

2. O homem de mentalidade espiritual coloca o cuidado de si antes de todos os cuidados; e aquele que cuida diligentemente de si facilmente manterá silêncio em relação aos outros. Você nunca terá uma mente espiritualizada e piedosa, a menos que fique em silêncio sobre os assuntos alheios e cuide plenamente de si. Se você pensar totalmente em si e em Deus, o que você vir fora de casa pouco o comoverá. E quando tiver dominado todas as coisas, de que lhe serviu o fato de ter se descuidado de si? Se você deseja ter paz e verdadeira unidade, deve deixar de lado todas as outras coisas e olhar apenas para si.

3. Você fará grande progresso se puder se manter livre de todos os cuidados temporais. Você cairá lamentavelmente se der valor a qualquer coisa mundana. Que nada seja grande, nada elevado, nada agradável, nada aceitável para você, exceto o próprio Deus ou as coisas Dele. Considere como totalmente vã qualquer consolo que lhe venha de uma criatura. A alma que ama a Deus não olha para nada que esteja abaixo de Deus. Somente Deus é eterno e incompreensível, preenche todas as coisas, é o consolo da alma e a verdadeira alegria do coração.

Capítulo VI
Da alegria de uma boa consciência

O testemunho de uma boa consciência é a glória de um homem bom. Tenha uma boa consciência e você sempre terá alegria. A boa consciência é capaz de suportar muitas coisas e se alegra em meio às adversidades; a má consciência é sempre temerosa e inquieta. Você descansará tranquilamente se o seu coração não o condenar. Nunca se alegre, a menos que tenha feito o bem. "Os ímpios nunca têm a verdadeira alegria, nem sentem paz interior, pois não há paz, diz o meu Deus, para os ímpios."[21] E se eles disserem "estamos em paz, nenhum mal nos acontecerá, e quem ousaria nos fazer o mal?" Não acredite neles, pois, de repente, a ira de Deus se levantará contra eles, e suas ações serão reduzidas a nada, e seus pensamentos perecerão.

2. Gloriar-se na tribulação não é doloroso para quem ama; pois, tal glória é gloriar-se na cruz de Cristo. Breve é a glória dada e recebida pelos homens. A tristeza sempre anda de mãos dadas com a glória do mundo. A glória dos bons está em sua consciência e não no relato dos homens. A alegria dos justos vem de Deus e está em Deus, e a sua alegria está na verdade. Aquele que deseja a glória verdadeira e eterna não se importa com o que é temporal; e aquele que busca a glória temporal, ou que a despreza de seu coração, demonstra ter pouco amor pelo que é celestial. Aquele que não se importa com elogios nem censuras tem grande tranquilidade de coração.

3. Aquele cuja consciência é pura ficará facilmente satisfeito e cheio de paz. Você não será mais santo se for elogiado, nem mais vil se for reprovado. Você é o que você é; e não pode ser melhor do que Deus declara que você é. Se você considerar bem o que você é interiormente, não se importará com o que os homens dirão a seu respeito. "O homem olha para a aparência externa, mas o Senhor olha para o coração"[22]: o homem olha para a ação, mas Deus considera a intenção. O sinal de um espírito humilde é fazer sempre o bem e fazer pouco por si. Não buscar consolo em qualquer coisa criada é um sinal de grande pureza e fidelidade interior.

4. Aquele que não busca testemunho externo em seu próprio favor, mostra claramente que se comprometeu totalmente com Deus. "Pois, não é aprovado aquele que se recomenda, como diz São Paulo, mas aquele que o Senhor recomenda."[23] Andar interiormente com Deus, e não ser dominado por quaisquer afeições externas é o estado de um homem espiritual.

---

21 Isaías, 57:21.

22 1 Samuel, 16:7.

23 2 Coríntios, 10:18.

Capítulo VII
De amar Jesus sobre todas as coisas

Bem-aventurado aquele que entende o que é amar a Jesus e desprezar a si por causa de Jesus. Ele deve desistir de tudo o que ama pelo seu Amado, pois somente Jesus será amado acima de todas as coisas. O amor pelas coisas criadas é enganoso e instável, mas o amor de Jesus é fiel e duradouro. Aquele que se apega às coisas criadas cairá com a sua escorregadia; mas aquele que abraça Jesus permanecerá em pé para sempre. Ame-O e tenha-O como seu amigo, pois Ele não o abandonará quando todos se afastarem de você, nem permitirá que você pereça no final. Um dia você terá que ser separado de todos, queira ou não.

2. Apegue-se a Jesus na vida e na morte e comprometa-se com Sua fidelidade, que, quando todos os homens lhe falharem, é o único capaz de ajudá-lo. Seu Amado é tal, por natureza, que não tolerará rival, mas sozinho possuirá seu coração e, como um rei, se sentará em Seu próprio trono. Se você aprendesse a se afastar de todas as coisas criadas, Jesus livremente se assentaria em sua morada. Você descobrirá que toda a confiança que depositou nos homens e não em Jesus, é pouco melhor do que a perdida. "Não confie nem se apoie em uma cana agitada pelo vento, porque toda carne é erva e a sua beleza cai como a flor-do-campo."[24]

3. Você será rapidamente enganado se olhar apenas para a aparência externa dos homens, pois se buscar conforto e lucro nos outros, muitas vezes sofrerá perdas. Se buscar Jesus em todas as coisas, certamente encontrará Jesus, mas se você buscar a si, também encontrará a si, mas para seu próprio prejuízo. Pois, se um homem não busca a Jesus, ele é mais prejudicial para si do que todo o mundo e todos os seus adversários.

Capítulo VIII
Do amor íntimo de Jesus

Quando Jesus está presente, tudo está bem e nada parece difícil, mas quando Jesus não está presente, tudo é difícil. Quando Jesus não fala interiormente, nosso conforto não vale nada, mas se Jesus fala apenas uma única palavra, grande é o conforto que experimentamos. Maria Madalena não se levantou rapidamente do lugar onde chorava quando Marta lhe

---
24 Isaías, 40:6.

disse: "O Mestre chegou e te chama?"[25] Feliz hora quando Jesus te chama das lágrimas para a alegria do espírito! Quão seco e duro você está sem Jesus! Quão insensato e vão é se deseja algo além de Jesus! Não é essa perda maior do que se você perdesse o mundo inteiro?

2\. O que o mundo pode lhe trazer de proveito sem Jesus? Estar sem Jesus é o inferno mais profundo, e estar com Jesus é um doce paraíso. Se Jesus estiver com você, nenhum inimigo poderá lhe fazer mal. Aquele que encontra Jesus ganha um tesouro, sim, mais do que qualquer outro bem; e quem perde Jesus perde muito, sim, mais do que o mundo inteiro. Mais pobre é aquele que vive sem Jesus, e mais rico é aquele que está com Jesus.

3\. É uma grande habilidade saber como viver com Jesus, e saber como abraçar Jesus é uma grande sabedoria. Seja humilde e pacífico, e Jesus estará contigo. Seja piedoso e tranquilo, e Jesus permanecerá com você. Você pode afastar Jesus rapidamente e perder Seu favor se se desviar para as coisas exteriores. E se você O afastou e O perdeu, para quem fugirá e a quem procurará como amigo? Sem um amigo ,você não poderá viver muito tempo, e se Jesus não for seu amigo acima de tudo, você ficará muito triste e desolado. Assim sendo, você ficará louco se confiar ou encontrar alegria em qualquer outro. É preferível ter o mundo inteiro contra você a ter Jesus ofendido contigo. Portanto, de tudo o que te é querido, deixa que Jesus seja especialmente amado.

4\. Que todos sejam amados por causa de Jesus, mas Jesus por causa dos Seus. Somente Jesus Cristo deve ser especialmente amado, pois, apenas Ele é considerado bom e fiel acima de todos os amigos. Por causa d'Ele e n'Ele, tanto os inimigos quanto os amigos lhe sejam queridos, e ore por todos eles para que todos possam conhecê-Lo e amá-Lo. Nunca deseje ser especialmente elogiado ou amado, porque isso pertence somente a Deus, que não tem ninguém semelhante a Ele. Nem deseja que alguém coloque seu coração em você, nem se entregue ao amor de ninguém, mas deixe Jesus estar em você e em todo homem de bem.

5\. Seja puro e livre dentro de si, e não se deixe enredar por nenhuma coisa criada. Você deve levar a Deus um coração puro e limpo, se deseja estar pronto para ver quão gracioso é o Senhor. E, na verdade, a menos que seja impedido e atraído por Sua graça, você não chegará a esse ponto, de que, tendo expulsado e descartado tudo o mais, somente você esteja unido a Deus. Pois, quando a graça de Deus chega a um homem, ele se torna capaz de fazer todas as coisas, e quando ela se afasta, ele fica pobre, fraco e entregue aos problemas. Nisto você não deve ficar abatido nem se desesperar, mas descansar com mente calma na vontade de Deus e suportar todas as coisas que vierem porque para o louvor de Jesus Cristo; pois depois do inverno chega o verão, depois da noite volta o dia, depois da tempestade uma grande calmaria.

---

25 João, 11:28.

Capítulo IX
Da falta de todo conforto

Não é difícil desprezar o conforto humano quando o divino está presente. É uma grande coisa, sim, muito grande, ser capaz de suportar a perda do conforto humano e divino; e pelo amor de Deus, suportar voluntariamente o exílio do coração, e em nada buscar a si, nem olhar para o próprio mérito. Que grande importância há se você estiver alegre de coração e devoto quando o favor chegar a você? Essa é uma hora em que todos se regozijam. É bastante agradável aquele que cavalga, a quem a graça de Deus conduz. E que maravilha, se aquele que é carregado pelo Todo-Poderoso não sente nenhum fardo e é conduzido pelo Guia do alto?

2. Estamos dispostos a aceitar qualquer coisa em troca de conforto, e é difícil para um homem libertar-se de si. O santo mártir Lourenço superou o amor ao mundo e até ao seu mestre sacerdotal, porque desprezava tudo o que parecia agradável no mundo; e, por amor de Cristo, ele permitiu calmamente que até mesmo o sumo sacerdote de Deus, Sisto, a quem ele amava profundamente, fosse tirado dele. Assim, pelo amor do Criador, ele venceu o amor do homem e, em vez do conforto humano, preferiu o prazer de Deus. Portanto, aprenda também a renunciar a qualquer amigo próximo e amado por amor a Deus. Nem leve a mal o fato de ter sido abandonado por um amigo, sabendo que todos nós, por fim, teremos de nos separar uns dos outros.

3. O homem deve se esforçar muito e por muito tempo dentro de si antes de aprender a superar-se completamente e a direcionar toda a sua afeição para Deus. Quando um homem se apoia em si, ele escorrega facilmente para os confortos humanos. Mas um verdadeiro amante de Cristo, e um buscador diligente da virtude, não recai sobre esses confortos, nem busca a doçura que possa ser provada e manuseada, mas deseja exercícios bastante difíceis e empreender trabalhos severos para Cristo.

4. Quando, portanto, o conforto espiritual for dado por Deus, receba-o com gratidão e saiba que é um dom de Deus, e não seu deserto. Não se exalte, não se alegre demais nem presuma tolamente, mas antes seja mais humilde pela dádiva, mais cauteloso e mais cuidadoso em todas as suas ações; pois essa hora passará e a tentação virá em seguida. Quando o conforto lhe for tirado, não se desespere imediatamente, mas aguarde a visitação celestial com humildade e paciência, pois Deus é capaz de lhe retribuir maior favor e consolo. Isso não é novo nem estranho para aqueles que experimentaram o caminho de Deus, pois com os grandes santos e os profetas antigos havia frequentemente esse tipo de mudança.

5. Portanto, alguém disse que, quando o favor de Deus estava presente com ele, eu dizia: "em minha prosperidade, jamais serei abalado"[26], mas ele continua dizendo o que sentiu dentro de si quando o favor se foi: Tu viraste a tua face de mim, e fiquei perturbado. Apesar disso, ele de forma alguma se desespera, mas instantaneamente suplica a Deus e diz: "A Ti, ó Senhor, clamarei e orarei ao meu Deus"; e então ele recebe o fruto de sua oração e testifica como foi ouvido, dizendo: "O Senhor me ouviu e teve misericórdia de mim, o Senhor foi meu ajudador". Mas em quê? Você transformou meu peso em alegria, despiu meu pano de saco e me cingiu de alegria. Se foi assim com os grandes santos, nós, que somos pobres e necessitados, não devemos nos desesperar se às vezes estamos no calor e às vezes no frio, pois o Espírito vem e vai conforme o beneplácito de Sua vontade. Por isso diz o santo Jó: "Tu o visitarás pela manhã, e de repente o provarás."[27]

6. Em que posso esperar, ou em que posso confiar, salvo apenas na grande misericórdia de Deus e na esperança da graça celestial? Pois, estejam comigo bons homens, irmãos piedosos ou amigos fiéis, se há livros sagrados ou belos discursos, se há doces hinos e canções, tudo isso pouco ajuda e tem pouco sabor quando sou abandonado pelo favor de Deus e deixado à minha própria pobreza. Não há melhor remédio, então, do que paciência e negação de si, e permanecer na vontade de Deus.

7. Nunca encontrei nenhum homem tão religioso e piedoso que não sentisse, às vezes, um afastamento do favor divino e falta de fervor. Nenhum santo jamais esteve tão cheio de êxtase, tão iluminado, sem que mais cedo ou mais tarde fosse tentado. Pois, não é digno da grande visão de Deus aquele que, por amor a Deus, não tenha sido exercitado por alguma tentação. Pois, a tentação costuma vir antes, como um sinal do conforto que se seguirá, e o conforto celestial é prometido àqueles que são provados pela tentação. Como está escrito: "Ao que vencer, darei a comer da árvore da vida."[28]

8. O conforto divino é dado para que um homem seja mais forte para suportar as adversidades. E segue-se a tentação, para que ele não seja exaltado por causa do benefício. O diabo não dorme; tua carne ainda não está morta; portanto, não deixe de se preparar para a batalha, pois os inimigos estão à sua direita e à sua esquerda e nunca descansam.

---

26 Salmos, 30:6.
27 Jó, 7:18.
28 Apocalipse, 2:7.

Capítulo X
Da gratidão pela Graça de Deus

Por que você busca descanso quando nasceu para trabalhar? Prepare-se mais para a paciência do que para o conforto, e para carregar a cruz mais do que para a alegria. Pois, quem entre os homens deste mundo, não receberia de bom grado consolo e alegria espiritual se pudesse tê-los sempre? Porque os confortos espirituais excedem todas as delícias do mundo e todos os prazeres da carne. Pois todos os prazeres mundanos são vazios ou impuros, enquanto apenas as delícias espirituais são agradáveis e honrosas, fruto da virtude, e derramadas por Deus em mentes puras. Mas nenhum homem pode sempre desfrutar desses confortos divinos por sua própria vontade, porque a estação da tentação não cessa por muito tempo.

2. Grande é a diferença entre uma visitação do alto e a falsa liberdade de espírito e grande confiança em si. Deus faz bem em nos dar a graça do conforto, mas o homem faz mal em não agradecer imediatamente a Deus por isso. E assim os dons da graça não podem fluir para nós, porque somos ingratos ao Autor deles e não os devolvemos totalmente à Fonte de onde fluem. Pois, a graça sempre se torna a porção daquele que é grato, e isso é tirado dos orgulhosos, o que costuma ser dado aos humildes.

3. Não desejo nenhum consolo que me afaste o arrependimento, não amo a contemplação que leve ao orgulho. Pois, nem tudo o que é elevado é santo, nem tudo o que é doce é bom; todo desejo não é puro, nem tudo o que nos é caro agrada a Deus. Aceito de bom grado graça pela qual me torno mais humilde, mais cauteloso e mais disposto a renunciar a mim. Aquele que é instruído pelo dom da graça e ensinado à sabedoria pelo golpe da retirada dela, não ousará reivindicar qualquer coisa boa para si, mas antes confessará que é pobre e necessitado. "Dê a Deus o que é de Deus"[29], e atribua a si o que é seu; isto é, agradeça a Deus por Sua graça, mas apenas para si confesse sua culpa, e que seu castigo é merecido por sua responsabilidade.

4. "Sente-se sempre no lugar mais baixo e lhe será dado o lugar mais alto."[30] Pois, o mais alto não pode existir sem o mais baixo. Pois, os mais elevados santos de Deus são menos aos seus próprios olhos, e quanto mais gloriosos são, tanto mais humildes são em si; cheios de graça e glória celestial, eles não desejam vanglória; descansando em Deus e fortes em Seu poder, eles não podem ser elevados de forma alguma. E aqueles que atribuem a Deus todo o bem que receberam, "não buscam a glória uns dos outros, mas a glória que vem somente de Deus", e desejam que Deus seja louvado em Si e em todos

---
29 Mateus, 22:21.
30 Lucas, 14:10.

os seus santos, acima de todas as coisas, e para estão sempre se esforçando exatamente por isso.

5. Seja grato, portanto, pelo menor benefício e você será digno de receber o maior. Que o menor seja para você como o maior, e que o que é de pouca importância seja para você como um presente especial. Se a majestade do Doador for considerada, nada do que é dado parecerá pequeno e sem valor, pois não é algo pequeno o que é dado pelo Deus Altíssimo. Sim, embora Ele tenha dado castigos e açoites, devemos ser gratos, porque Ele sempre faz para nosso benefício tudo o que permite que venha sobre nós. Aquele que procura manter o favor de Deus, deve ser grato pelo favor que é concedido e paciente com relação ao que lhe é tirado. Deixe-o orar para que isso volte; deixe-o ser cauteloso e humilde para não perder o controle.

Capítulo XI
Da escassez de quem ama a Cruz de Jesus

Jesus tem muitos amantes de Seu reino celestial, mas poucos portadores de Sua Cruz. Ele tem muitos buscadores de conforto, mas poucos de tribulação. Ele encontra muitos companheiros para Sua mesa, mas poucos de Seu jejum. Todos desejam se alegrar com Ele, mas poucos estão dispostos a passar por qualquer coisa por Sua causa. Muitos seguem Jesus para comer dos Seus pães, mas poucos para beber do cálice de Sua paixão. Muitos ficam maravilhados com Seus Milagres, poucos seguem a vergonha de Sua Cruz. Muitos amam Jesus desde que nenhuma adversidade lhes aconteça. Muitos O louvam e O bendizem, desde que recebam algum conforto Dele. Mas se Jesus se esconde e se afasta deles por um momento, eles caem em queixas ou em grande desânimo.

2. Mas aqueles que amam Jesus por causa de Jesus, e não por qualquer consolação própria, bendizem-No em toda tribulação e angústia de coração como no mais alto consolo. E mesmo que Ele nunca lhes dê consolação, eles sempre O louvarão e sempre Lhe darão graças.

3. Oh, que poder tem o puro amor de Jesus, sem mistura de qualquer ganho ou amor-próprio! Não deveriam ser chamados de mercenários todos aqueles que estão sempre em busca de consolo? Não se mostram mais amantes de si do que de Cristo, sempre buscando seu próprio ganho e vantagem? Onde se pode encontrar alguém que esteja disposto a servir a Deus por nada?

4. Raramente alguém é tão espiritual a ponto de ser despir de todos os pensamentos egoístas, pois quem encontrará um homem verdadeiramente pobre de espírito e livre de todas as coisas criadas? "Seu valor vem de longe, sim, dos confins da terra." Um homem pode doar todos os seus bens, mas isso não significa nada; e se ele praticar muitos atos de penitência, isso é uma coisa pequena; e mesmo que ele compreenda todo o conhecimento, ainda assim isso está distante; e se ele tem grande virtude e devoção zelosa, ainda assim lhe falta muito, sim, uma coisa que lhe é a mais necessária de todas. Então o que é? Que, tendo renunciado a todas as outras coisas, ele desiste de si e sai completamente de si, e não retém nada de amor-próprio; e tendo feito todas as coisas que sabe ser seu dever fazer, sinta que nada fez. Que ele não considere aquilo que poderia ser muito estimado, mas que se declare, na verdade, um servo inútil, como a própria Verdade diz: "Quando tiverdes feito todas as coisas que vos são ordenadas, dizei que somos servos inúteis."[31] Então ele poderá ser verdadeiramente pobre e nu em espírito, e poderá dizer com o Profeta: "Quanto a mim, sou pobre e necessitado."[32] No entanto, nenhum homem é mais rico do que ele, ninguém é mais forte, ninguém é mais livre. Porque ele sabe como renunciar a si e a todas as coisas, e como ser humilde aos seus próprios olhos.

Capítulo XII
Do caminho real da Santa Cruz

Esta parece ser uma frase difícil para muitos: "Se alguém quiser vir após mim, negue-se a si, tome a sua cruz e siga-me."[33] Mas será muito mais difícil ouvir a última frase: "Afastem-se de mim, ó ímpios, para o fogo eterno."[34] Pois aqueles que agora ouvem voluntariamente a palavra da cruz e a seguem, não temerão então ouvir a condenação eterna. Este sinal da Cruz estará no céu quando o Senhor vier para o Juízo. Então todos os servos da Cruz, que em vida se conformaram com o Crucificado, se aproximarão de Cristo, o Juiz, com grande ousadia.

2. Por que temeis então tomar a cruz que conduz a um reino? Na cruz está a saúde, na cruz está a vida, na cruz está a proteção contra os inimigos, na cruz está a doçura celestial, na cruz está a força da mente, na cruz está a alegria do espírito, na cruz está o cúmulo da virtude, na cruz está a perfeição da santidade. Não há saúde da alma, nem esperança de vida eterna, exceto na cruz. Tome, portanto, a sua cruz e siga Jesus, e você entrará na vida eterna. Ele foi adiante de você carregando sua cruz e morreu por você na cruz, para que você também carregue sua cruz e ame ser crucificado nela. Pois, se

---

31 Lucas, 17:10.
32 Salmos, 25:16.
33 Mateus, 16:24.
34 Mateus, 25:41.

estiver morto com Ele, também viverá com Ele, e se for participante de Seus sofrimentos, também será da Sua glória.

3. Eis que tudo depende da Cruz e tudo está na morte; e não há outro caminho para a vida e para a verdadeira paz interior, exceto o caminho da Santa Cruz e da mortificação diária. Vá aonde quiser, busque o que quiser e não encontrará nenhum caminho mais alto ou mais seguro abaixo do que o caminho da Santa Cruz. Disponha e ordene todas as coisas de acordo com sua própria vontade e julgamento, e sempre encontrará algo para sofrer, voluntária ou involuntariamente, e assim sempre encontrará sua cruz. Pois, você sentirá dor no corpo ou tribulação no espírito em sua alma.

4. Às vezes, você será abandonado por Deus, às vezes será provado pelo seu próximo e, além disso, muitas vezes você será cansativo para si. E, ainda assim, você não pode ser libertado nem aliviado por nenhum remédio ou consolo, mas deve suportar o tempo que Deus quiser. Pois, Deus fará com que você aprenda a sofrer tribulações sem consolo, e a se submeter totalmente a elas, e pela tribulação, se torne mais humilde. Ninguém compreende tão bem a Paixão de Cristo em seu coração como aquele que também sofreu algo semelhante. A Cruz, portanto, está sempre pronta e em toda parte espera por você. Você não pode fugir dela por onde quer que se apresse, pois, onde quer que vá, você a levará consigo e sempre se encontrará. Vire-se para cima, vire-se para baixo, vire-se para fora, vire-se para dentro, e em todos eles você encontrará a Cruz; e é necessário que você tenha paciência em todos os lugares se quiser ter paz interior e ganhar a coroa eterna.

5. Se você carregar voluntariamente a cruz, ela o carregará e o levará ao fim que você procura, mesmo onde haverá o fim do sofrimento, embora não esteja aqui. Se a carregar de má vontade, você se tornará um fardo e aumentará muito a sua carga, mas ainda assim deverá carregá-la. Se você jogar fora uma cruz, sem dúvida encontrará outra, e talvez, uma mais pesada.

6. Você pensa em escapar daquilo que nenhum mortal foi capaz de evitar? Qual dos santos do mundo esteve sem a cruz e a tribulação? Pois, nem mesmo Jesus Cristo, nosso Senhor, esteve uma hora sem a angústia da Sua Paixão, enquanto viveu. "Ele disse que convinha, que Cristo sofresse e ressuscitasse dos mortos, e assim entrasse em sua glória."[35] E como você busca outro caminho além deste caminho real, que é o caminho da Santa Cruz?

7. Toda a vida de Cristo foi uma cruz e um martírio, e você procura descanso e alegria para si? Você está errado, você está errado, se você busca algo além de sofrer tribulações, pois toda é vida mortal está cheia de misérias e cercada de cruzes. E quanto mais alto o homem avança no espírito, mais

---

35 Lucas, 24:46.

pesadas serão as cruzes que ele encontrará, porque a tristeza de seu banimento aumenta com a força de seu amor.

8. Mas, ainda assim, o homem que é afligido de tantas maneiras não deixa de ser revigorado e consolado, porque sente que frutos abundantes crescem dentro dele ao carregar sua cruz. Pois, enquanto ele se submete voluntariamente a ela, todo fardo de tribulação se transforma em uma garantia de conforto divino, e quanto mais a carne é consumida pela aflição, mais o espírito é poderosamente fortalecido pela graça interior. E muitas vezes ele é tão grandemente confortado pelo desejo de tribulação e adversidade, por amor à conformidade com a Cruz de Cristo, que ele não gostaria de ficar sem tristeza e tribulação; pois ele acredita que será mais aceitável a Deus, quanto mais e mais pesados forem os fardos que ele for capaz de suportar por Sua causa. Essa não é a virtude do homem, mas a graça de Cristo, que tem tal poder e energia na carne fraca, que aquilo que ela naturalmente odeia e foge, ela atrai e ama através do fervor do espírito.

9. Não é da natureza do homem suportar a cruz, amar a cruz, manter sob, o corpo e sujeitá-lo, fugir das honras, suportar humildemente as afrontas, desprezar a si e desejar ser desprezado, suportar todas as adversidades e perdas e não desejar prosperidade neste mundo. Se olhar para si, não será capaz de fazer nada disso; mas se confiar no Senhor, a perseverança lhe será dada do céu, o mundo e a carne estarão sujeitos ao seu comando. Sim, você nem mesmo temerá o seu adversário, o diabo, se estiver armado com fé e marcado com a Cruz de Cristo.

10. Portanto, como um bom e fiel servo de Cristo, dedique-se a carregar a Cruz de Seu Senhor, que por amor foi crucificado por você. Prepare-se para enfrentar muitas adversidades e diversos problemas nesta vida miserável, porque assim será com você onde quer que esteja, e assim, de fato, a encontrará, onde quer que se escondas. Deve ser assim; e não há como escapar da tribulação e da tristeza, a não ser suportando-as com paciência. Beba com amor o cálice do seu Senhor se deseja ser Seu amigo e ter sua sorte com Ele. Deixe as consolações para Deus, deixe que Ele faça o que achar melhor com relação a elas. "Mas se proponha a suportar as tribulações e considere-as as melhores consolações; pois os sofrimentos deste tempo presente não são dignos de comparação com a glória que será revelada em nós"[36], nem o seriam se você tivesse que suportá-los todos.

11. Quando você chegar a esse ponto, de que a tribulação é doce e agradável para você por causa de Cristo, então considere que está tudo bem, porque você encontrou o paraíso na terra. Enquanto for difícil para você sofrer e

---
36 Romanos, 8:18.

você desejar escapar, as coisas não irão bem e as tribulações o seguirão por toda parte.

12. Se você se dedicar ao que deve, ou seja, sofrer e morrer, logo as coisas irão melhorar para você, e você encontrará a paz. "Ainda que você seja arrebatado com Paulo até o terceiro céu"[37], nem por isso estará livre de sofrer algum mal. "Eu lhe mostrarei, diz Jesus, que grandes coisas ele deve sofrer por causa do Meu Nome."[38] Portanto, resta a você sofrer, se quiser amar a Jesus e servi-Lo continuamente.

13. Oh, se você fosse digno de sofrer algo pelo nome de Jesus, que grande glória o aguardaria, que alegria entre todos os santos de Deus, que exemplo brilhante também para o seu próximo! Pois, todos os homens recomendam a paciência, embora poucos estejam dispostos a praticá-la. Você certamente deveria sofrer um pouco por Cristo, quando muitos sofrem coisas mais pesadas pelo mundo.

14. Saiba com certeza que você deve levar a vida de um homem moribundo. E quanto mais um homem morre para si, mais ele começa a viver para Deus. Ninguém é apto para compreender as coisas celestiais, a menos que se submeta a suportar adversidades por Cristo. Nada é mais aceitável para Deus, nada é mais saudável para você neste mundo, do que sofrer voluntariamente por Cristo. E se fosse sua escolha, você deveria preferir sofrer adversidades por Cristo do que ser revigorado com múltiplas consolações, pois você seria mais semelhante a Cristo e mais conformado com todos os santos. Porque a nossa dignidade e crescimento na graça não consistem em muitos prazeres e consolações, mas em suportar muitos problemas e adversidades.

15. Se de fato houvesse algo melhor e mais proveitoso para a saúde dos homens do que sofrer, Cristo certamente o teria demonstrado por palavras e exemplos. Tanto para os discípulos que O seguiram, como para todos os que desejam segui-Lo, Ele exorta claramente a carregarem a sua cruz, e diz: "se alguém quiser vir após mim, negue-se a si, tome a sua cruz e siga-Me."[39] Portanto, agora que lemos e estudamos minuciosamente todas as coisas, ouçamos a conclusão de todo o assunto. "É necessário que passemos por muitas tribulações para entrar no reino de Deus."[40]

---

37 2 Coríntios, 12:2
38 Atos, 9:16.
39 Lucas, 9:23.
40 Atos, 14:21.

O TERCEIRO LIVRO
SOBRE A CONSOLAÇÃO INTERIOR

Capítulo I
Da voz interior de Cristo à alma fiel

"Ouvirei o que o Senhor Deus disser dentro de mim."[41] Bem-aventurada a alma que ouve o Senhor falar dentro dela e recebe de Sua boca a palavra de consolo. Bem-aventurados os ouvidos que recebem os ecos do suave sussurro de Deus e não se desviam para os sussurros deste mundo. Bem-aventurados os ouvidos que não ouvem a voz que soa externamente, mas aquela que ensina a verdade do lado de fora. Bem-aventurados os olhos que estão fechados para as coisas externas, mas fixados nas coisas internas. Bem-aventurados os que buscam as coisas interiores e estudam para se prepararem cada vez mais através de exercícios diários, para receber os mistérios celestiais. Bem-aventurados os que anseiam tempo livre para Deus se libertam de todos os obstáculos do mundo. Pense nessas coisas, ó minha alma, e feche as portas dos seus desejos carnais, para que você possa ouvir o que o Senhor Deus dirá dentro de você.

2. Estas coisas, diz o seu Amado: "Eu sou a sua salvação, eu sou a sua paz e a sua vida. Guarda-te em Mim, e encontrarás a paz." Deixe de lado todas as coisas transitórias, busque as coisas que são eternas. Pois, o que são todas as coisas temporais, senão enganos, e o que todas as coisas criadas te ajudarão se for abandonado pelo Criador? Portanto, abandone todas as outras coisas e entregue-se ao Criador, para ser agradável e fiel a Ele, para que possa alcançar a verdadeira bem-aventurança.

Capítulo II
O que a verdade diz interiormente
sem ruído de palavras

"Fala, Senhor, porque o seu servo ouve."[42] Eu sou Teu servo; dá-me entendimento para que eu conheça Teus testemunhos. "Inclina o meu coração

---

41 Salmos, 85:8.
42 1 Samuel, 3:9.

às palavras da Tua boca."⁴³ Destile a tua palavra como o orvalho. Os filhos de Israel diziam antigamente a Moisés: "Fala-nos, e ouviremos, mas não fale o Senhor conosco, para que não morramos."⁴⁴ Não, assim, ó Senhor, não é assim que oro, mas com Samuel, o profeta, rogo-te com humildade e sinceridade: Fala, Senhor, porque o teu servo ouve. Não me fale Moisés, nem qualquer profeta, mas sim Tu, ó Senhor, que inspiraste e iluminaste todos os profetas; pois somente Tu, sem eles, podes perfeitamente encher-me de conhecimento, enquanto eles, sem Ti, de nada aproveitarão.

2\. Eles realmente podem proferir palavras, mas não dão o espírito. Falam com extrema beleza, mas quando Tu estás em silêncio, não acendem o coração. Eles nos dão as escrituras, mas Tu tornas conhecido o sentido delas. Eles nos trazem mistérios, mas Tu revelas as coisas que estão significadas. Eles proferem mandamentos, mas Tu ajudas a cumpri los. Eles mostram o caminho, mas Tu dás força para a jornada. Eles agem apenas externamente, mas Tu instruis e iluminas o coração. Eles regam, mas tu dás o crescimento. Eles clamam com palavras, mas tu dás entendimento ao que ouve.

3\. Portanto, não seja Moisés a falar comigo, mas tu, ó Senhor meu Deus, Verdade Eterna; para que eu não morra e não dê fruto, sendo admoestado exteriormente, mas não inflamado por dentro; para que a palavra ouvida, mas não seguida, conhecida, mas não amada, crida, mas não obedecida, se levante contra mim no juízo. "Fala, Senhor, porque o Teu servo ouve; Tu tens as palavras de vida eterna."⁴⁵ Fala comigo para consolar minha alma, para emendar toda a minha vida e para louvor, glória e honra eterna de Teu Nome.

Capítulo III
Como todas as palavras de Deus devem ser ouvidas com humildade, como muitos não as consideram

"Meu Filho, ouça Minhas palavras, pois Minhas palavras são muito doces, superando todo o conhecimento dos filósofos e sábios deste mundo. "Minhas palavras são espírito e são vida"⁴⁶, e não devem ser avaliadas pelo

---

43 Salmos, 119:125.

44 Êxodo, 20:19.

45 João, 6:68.

46 João, 6:63.

entendimento do homem. Elas não devem ser extraía para aprovação vã, mas para serem ouvidas em silêncio e recebidas com toda humildade e profundo amor".

2. E eu disse: "Bem-aventurado o homem a quem ensinas, ó Senhor, e o instruís na Tua lei, para que lhe dês descanso em tempos de adversidade[47], e para que ele não fique desolado na terra".

3. "Eu", diz o Senhor, "ensinei os profetas desde o princípio, e até agora não cesso de falar a todos; mas muitos estão surdos e endurecidos contra a Minha voz; muitos gostam de ouvir ao mundo e não a Deus, eles seguem os desejos da carne mais prontamente do que a boa vontade de Deus. O mundo promete coisas temporais e pequenas, e é servido com grande entusiasmo. Eu prometo coisas grandes e eternas, e o coração dos mortais é lento para se mexer. Quem Me serve e Me obedece em todas as coisas, com tanto cuidado quanto serve ao mundo e aos seus governantes?

"Envergonha-te, ó Sidom, diz o mar; E, se buscares a razão, ouve-me."[48]

Por uma pequena recompensa, os homens fazem uma longa jornada; pela vida eterna, muitos mal levantarão um pé do chão. Busca-se uma recompensa média; por uma única moeda, às vezes, só há um esforço vergonhoso; por algo que é vão e por uma promessa insignificante, os homens não hesitam em trabalhar dia e noite."

4. "Mas, ó vergonha, por um bem imutável, por uma recompensa inestimável, pela mais alta honra e por uma glória que não desvanece, lhes é cansativo trabalhar ainda que seja só um pouco. Envergonhe-se, pois, servo preguiçoso e descontente, porque mais depressa se acham para a perdição do que você para a vida. Eles se alegram mais com a vaidade do que você com a verdade. Às vezes, de fato, sua esperança é frustrada, mas minha promessa não falha a ninguém, nem despede vazio aquele que confia em Mim. O que prometi, darei; o que disse, cumprirei; contanto que o homem permaneça fiel ao Meu amor até o fim. Portanto, sou o recompensador de todos os homens de bem grande e aprovador de todos os que são piedosos."

5. "Escreva Minhas palavras em seu coração e considere-as diligentemente, pois elas serão muito necessárias em tempos de tentação. O que não entenderes ao ler, saberás no tempo de sua visitação. Costumo visitar os Meus eleitos de duas maneiras: por meio de tentação e por meio de consolo, e ensino-lhes duas lições dia após dia: uma para repreender suas faltas; a outra, para exortá-los a crescer na graça. Aquele que recebe Minhas palavras e as rejeita, tem quem o julgará no último dia."

---

47 Salmos, 94:13.
48 Isaías, 23:4.

UMA ORAÇÃO PELO ESPÍRITO DE DEVOÇÃO

6. Ó Senhor meu Deus, Tu és todo o meu bem, e quem sou eu para ousar falar contigo? Sou o mais pobre dos Teus servos, um verme abjeto, muito mais pobre e desprezível do que sei ou ouso dizer. No entanto, lembre-se, ó Senhor, que não sou nada, não tenho nada e nada posso fazer. Só tu és bom, justo e santo; Tu podes fazer todas as coisas, estar sobre todas as coisas, preencher todas as coisas, deixando vazio apenas o pecador. Recorda Tuas ternas misericórdias e enche meu coração com Tua graça, Tu que não queres que Tua obra retorne a Ti vazia.

7. Como poderei suportar esta vida miserável, a menos que Tua misericórdia e graça me fortaleçam? Não desvie de mim o Teu rosto, não retarde a Tua visitação. Não retire de mim o Teu conforto, para que minha alma "suspire por Ti como uma terra sedenta". Senhor, ensina-me a fazer a Tua vontade, ensina-me a andar com humildade e retidão diante de Ti, pois Tu és minha sabedoria, que me conheces em verdade e me conheceste antes de o mundo ser criado e antes que eu nascesse no mundo.

Capítulo IV
Como devemos andar em verdade e humildade diante de Deus

"Meu filho, anda diante de Mim em verdade e, na simplicidade de seu coração, busque-Me continuamente. Aquele que anda diante de Mim em verdade estará a salvo dos ataques do mal, e a verdade o livrará das artimanhas e calúnias dos ímpios. Se a verdade te libertar, serás verdadeiramente livre e não te importarás com as vãs palavras dos homens."

2. Senhor, é verdade o que Tu dizes; que seja assim comigo, eu Te peço; que Tua verdade me ensine, que me guarde e me preserve até o fim. Que ela me livre de toda maldade e afeição desordenada, e andarei diante de Ti com grande liberdade de coração.

3. "Eu te ensinarei", diz a Verdade, "as coisas que são corretas e agradáveis diante de Mim. Pense em seus pecados com grande desgosto e tristeza, e nunca pense em si por causa de suas boas obras. Em verdade, você é um pecador, sujeito a muitas paixões, sim, amarrado e preso a elas. Por si, você sempre tende a nada, logo cairá, logo será vencido, logo será perturbado, logo será desfeito. Você não tem nada do que se gloriar, mas muitas razões para se considerar vil, pois você é muito mais fraco do que é capaz de compreender."

4. Portanto, que nada do que você fizer lhe pareça grande; que nada seja grandioso, nada de valor ou beleza, nada digno de honra, nada elevado, nada louvável ou desejável, a não ser o que é eterno. Que a verdade eterna te agrade acima de todas as coisas, que a tua própria grande vileza te desagrade continuamente. Nada tema, denuncie e fuja tanto quanto suas próprias falhas e pecados, que devem lhe desagradar mais do que qualquer perda de bens. Há alguns que não andam sinceramente diante de mim, mas, guiados pela curiosidade e pelo orgulho, desejam conhecer minhas coisas secretas e compreender as coisas profundas de Deus, enquanto negligenciam a si e sua salvação. Esses frequentemente caem em grandes tentações e pecados por causa do seu orgulho e curiosidade, pois sou contra eles.

5. "Tema os juízos de Deus, tema grandemente a ira do Todo-Poderoso. Evite debater sobre as obras do Altíssimo, mas examine atentamente suas próprias iniquidades, em que grandes pecados caíste e quantas coisas boas você negligenciou. Há alguns que transmitem sua devoção apenas em livros, alguns em imagens, alguns em sinais e figuras externas; alguns têm-Me na boca, mas pouco no coração. Outros há que, sendo iluminados em seu entendimento e purificados em suas afeições, anseiam continuamente pelas coisas eternas, ouvem falar de coisas terrenas com relutância, obedecem às necessidades da natureza com tristeza. E esses entendem o que o Espírito da verdade lhes diz; pois, Ele os ensina a desprezar as coisas terrenas e a amar as celestiais; negligenciar o mundo e desejar o céu dia e noite."

Capítulo V
Do maravilhoso poder do Amor Divino

Eu te bendigo, ó Pai Celestial, Pai de meu Senhor Jesus Cristo, por teres permitido que pensasses em mim, pobre que sou. "Ó, Pai das Misericórdias e Deus de todo conforto"[49], dou graças a Ti, que às vezes me revigora com o Teu próprio conforto, quando sou indigno de qualquer conforto. Eu Te bendigo e glorifico continuamente, com Teu Filho unigênito e o Espírito Santo, o Paráclito, para todo o sempre. Ó Senhor Deus, Santo amante da minha alma, quando Tu entrares em meu coração, todas as minhas entranhas se alegrarão. Tu és minha glória e a alegria do meu coração. Tu és minha esperança e meu refúgio no dia da minha angústia.

2. Mas como ainda sou fraco no amor e imperfeito na virtude, preciso ser fortalecido e confortado por Ti; portanto, visita-me frequentemente e instrui-me com Teus santos caminhos de disciplina. Livra-me das más paixões e purifica meu coração de todas as afeições desordenadas, para que, sendo

---
49 2 Coríntios, 1:3.

curado e totalmente limpo por dentro, eu possa estar pronto para amar, forte para sofrer, firme para suportar.

3. O amor é algo grandioso, um bem acima de todos os outros, o único que torna leve todo fardo pesado e equaliza toda desigualdade. Pois, suporta o fardo e não o torna um fardo, faz com que tudo o que é amargo seja doce e de bom gosto. O amor supremo de Jesus impele a grandes obras e estimula o desejo contínuo de maior perfeição. O amor deseja ser elevado e não ser reprimido por qualquer coisa mesquinha. O amor deseja ser livre e distante de toda afeição mundana, para que seu poder interior de visão não seja prejudicado, para que não seja enredado por qualquer prosperidade mundana ou vencido pela adversidade. Nada é mais doce que o amor, nada mais forte, nada mais elevado, nada mais amplo, nada mais agradável, nada mais pleno ou melhor no céu, ou na terra, pois o amor nasceu de Deus e não pode descansar a não ser em Deus, acima de todas as coisas criadas.

4. Quem ama voa, corre e se alegra; ele é livre e não impedido. Ele dá tudo por todas as coisas e tem tudo em todas as coisas, porque descansa Naquele que está acima de todos, de quem todo bem flui e procede. Ele não procura por presentes, mas se volta para o Doador de todas as coisas boas. Muitas vezes o amor não conhece medida, mas se excede em toda medida; o amor não tem fardo, não conta trabalhos, luta por mais do que é capaz de fazer, não alega impossibilidade, porque julga possíveis todas as coisas que lhe são lícitas. É forte, portanto, para todas as coisas e realiza muitas coisas, e é bem-sucedido onde aquele que não ama falha e se deita.

5. O amor é vigilante e, enquanto dorme, continua vigiando; embora fatigado, não se cansa, embora pressionado, não é forçado, embora alarmado, não se apavora, mas como a chama viva e a tocha acesa, irrompe nas alturas e triunfa com segurança. Se um homem ama, ele sabe o que esta voz clama. Pois o ardente afeto da alma é um grande clamor aos ouvidos de Deus, e diz: Meu Deus, meu Amado! Tu és todo meu e eu sou todo Teu.

6. Amplia-me no amor, para que eu prove com o mais íntimo do meu coração como é doce é amar, ser dissolvido e nadar em amor. Que eu seja dominado pelo amor, elevando-me acima de mim mesmo através de fervor e admiração excessivos. Que eu cante a canção do amor, deixe-me seguir-Te, meu Amado, nas alturas, que a minha alma se esgote em Teu louvor, exultando de amor. Que eu Te ame mais do que a mim mesmo, não amando a mim mesmo a não ser por Tua causa, e a todos os homens em Ti que verdadeiramente Te amam, como ordena a lei do amor que brilha de Ti.

7. O amor é rápido, sincero, piedoso, agradável, gentil, forte, paciente, fiel, prudente, longânimo, viril e nunca busca o que é seu; pois onde quer que o homem busque o que é seu, aí se afasta do amor. O amor é circunspecto, humilde e reto; nem fraco, nem inconstante, nem decidido a coisas vãs; sóbrio, casto, firme, quieto e cauteloso em todos os sentidos. O amor é sujeito e obediente a todos os que têm autoridade, é vil e humilde aos seus próprios olhos, devoto e grato a Deus, fiel e sempre confiando Nele, mesmo quando Deus esconde Seu rosto, pois sem tristeza não podemos viver no amor.

8. Quem não está pronto para sofrer todas as coisas e se conformar com a vontade do Amado, não é digno de ser chamado de amante de Deus. Cabe ao que ama abraçar voluntariamente todas as coisas duras e amargas por amor do Amado, e não se afastar Dele por causa de quaisquer circunstâncias contrárias.

Capítulo VI
Da prova do verdadeiro amante

"Meu Filho, ainda não és forte e prudente no teu amor."
2. Por que, ó meu Senhor?
3. "Porque, por causa de uma pequena oposição, você se desvia de seus empreendimentos e busca avidamente consolo. O amante forte permanece firme nas tentações e não acredita nas persuasões malignas do inimigo. Assim como na prosperidade eu o agrado, na adversidade não o desagrado."
4. "O amante prudente não considera tanto o dom do amante quanto o amor do doador. Ele busca mais o afeto do que o valor e considera todos os presentes abaixo do Amado. O nobre amante não descansa na dádiva, mas em Mim, acima de toda dádiva."
5. "Nem tudo está perdido, embora às vezes você pense em Mim ou em Meus santos menos do que deveria desejar. Aquela boa e doce afeição que às vezes você percebe é o efeito da graça presente e de alguma antecipação do país celestial; mas não deve depender demais disso, pois ela vai e vem. Mas lutar contra os movimentos malignos da mente que nos chegam e resistir às sugestões do diabo, é um sinal de virtude e de grande mérito."
6. "Portanto, não deixe que fantasias estranhas o perturbem sempre que surgirem. Observe corajosamente seu propósito e suas intenções retas para com Deus. Não é uma ilusão quando, às vezes, você é subitamente levado ao êxtase e, de repente, é trazido de volta às vaidades habituais de seu coração. Pois, você prefere passar por elas de má vontade do que provocá-las; e enquanto elas o desagradarem e você se esforçar contra elas, isso será um mérito e não uma perda."
7. "Saiba que o seu velho inimigo se esforça totalmente para impedir a sua busca pelo bem e para dissuadi-lo de todo exercício piedoso, a saber, a contemplação dos Santos, a piedosa lembrança da Minha paixão, a proveitosa lembrança do pecado, a guarda de seu próprio coração e o propósito inabalável de crescer em virtude. Ele lhe sugere muitos pensamentos malignos, a fim de

provocar em você cansaço e terror, e assim, afastá-lo da oração e da leitura sagrada. A confissão humilde o desagrada e, se pudesse, faria com que você cessasse a comunhão. Não acredite nele, nem dê ouvidos a ele, embora muitas vezes ele tenha preparado para você as armadilhas do engano. Considere que vem dele, quando lhe sugerir pensamentos maus e impuros. Dizei-lhe: "Retira-te, espírito imundo; envergonha-te, miserável; terrivelmente imundo és tu, que trazes tais coisas aos meus ouvidos. Afasta-te de mim, detestável enganador; não terás parte em mim; mas Jesus estará comigo, como um forte guerreiro e tu ficarás confundido. Prefiro morrer e suportar todo o sofrimento a consentir com você. Cala-te e emudece; não te ouvirei mais, ainda que armes mais ciladas contra mim. O Senhor é a minha luz e a minha salvação; a quem, pois, temerei? Ainda que um exército de homens se levante contra mim, o meu coração não temerá. O Senhor é a minha força e o meu Redentor."[50]

8. "Esforça te como um bom soldado; e se às vezes você falhar por fraqueza, use sua força com mais coragem do que antes, confiando em Minha graça mais abundante e tome muito cuidado com a confiança vã e o orgulho. Por causa disso, muitos são levados ao erro e, às vezes, caem em uma cegueira quase irremediável. Que esta ruína dos orgulhosos, que tolamente se exaltam, seja para você uma advertência e uma exortação contínua à humildade."

Capítulo VII
De esconder nossa graça sob a proteção da humildade

"Meu Filho, é melhor e mais seguro para você esconder a graça da devoção, e não se exaltar, nem falar muito dela, nem valorizá-la muito; mas sim desprezar a si e temer como se essa graça fosse dada a alguém indigno dela. Tampouco confie demais neste sentimento, pois ele pode rapidamente se transformar em seu oposto. Pense, quando você estiver em estado de graça, como você é miserável e pobre sem ela. Tampouco há progresso na vida espiritual apenas no fato de ter a graça do consolo, mas de aceitar humilde, desinteressada e pacientemente a retirada dela; de modo que não deixe de orar, nem permita que seus outros deveres comuns sejam de alguma forma negligenciados; ao contrário, faça sua tarefa mais prontamente, como se tivesse adquirido mais força e conhecimento; e não se negligencie por causa da escassez e ansiedade de espírito que sente."

2. "Porque há muitos que, quando as coisas não lhes correm bem, logo se tornam impacientes ou preguiçosos. "Pois, o caminho do homem não

---

50 Salmos, 27:1-3; 19:14.

está em si"[51], mas cabe a Deus dar e consolar quando Ele quiser, e tanto quanto Ele quiser, e a quem Ele quiser, como Lhe aprouver, e nada mais. Alguns que eram presunçosos por causa da graça da devoção que havia neles, destruíram-se, porque quiserem fazer mais do que eram capazes, não considerando a medida da sua própria pequenez, mas seguindo mais o impulso do coração que o julgamento da razão. E, por terem presumido além do que era agradável a Deus, logo perderam a graça. Eles se tornaram pobres e foram deixados vilmente, pois haviam construído para si seu ninho no céu; para que, sendo humilhados e atingidos pela pobreza, pudessem aprender a não voar com suas próprias asas, mas a colocar sua confiança sob Minhas penas. Os que ainda são novos e inexperientes no caminho do Senhor, a menos que se governem segundo o conselho dos sábios, podem facilmente ser enganados e desviados."

3. "Mas se desejarem seguir as suas próprias fantasias em vez de confiar na experiência dos outros, o resultado será muito perigoso para eles se ainda se recusarem a se afastar de sua própria noção. Aqueles que são sábios em seus próprios conceitos, raramente suportam pacientemente ser governados por outros. É melhor ter uma pequena porção de sabedoria com humildade e um entendimento esguio, do que grandes tesouros de ciência com vã autoestima. É melhor para você ter menos do que muito daquilo que pode lhe dar orgulho. Não é muito discreto quem se entrega inteiramente à alegria, esquecendo-se do antigo desamparo e do casto temor do Senhor, que teme perder a graça oferecida. Tampouco é muito sábio, segundo o tipo de homem, aquele que, em tempo de adversidade ou de qualquer problema, se desespera demais e se sente menos confiante do que deveria em relação a Mim."

4. "Aquele que, em tempo de paz, deseja ser excessivamente seguro, será frequentemente encontrado em tempo de guerra excessivamente desanimado e cheio de temores. Se você soubesse sempre como continuar humilde e a moderação em si, e como guiar e governar bem o seu próprio espírito, não cairia tão rapidamente em perigo e em prejuízo. É um bom conselho que, quando o fervor do espírito estiver aceso, você medite como será quando a luz se apagar. E quando isso acontecer, lembre-se de que a luz ainda pode retornar, pois eu a tirei por algum tempo para adverti-lo e também para minha própria glória. Tal provação é muitas vezes mais útil do que se você sempre tivesse coisas prósperas conforme a sua própria vontade."

5. "Pois os méritos não devem ser contados pelo fato de um homem ter muitas visões ou consolações, ou por ser hábil nas Escrituras, ou por estar

---
51 Jeremias, 10:23.

em uma situação elevada; mas por estar alicerçado na verdadeira humildade e cheio da caridade divina, por buscar sempre a honra de Deus de forma pura e reta, por não se colocar em si, mas desprezar a si sem fingimento e até mesmo se alegrar mais em ser desprezado e humilhado pelos outros do que em ser honrado."

Capítulo VIII
De uma baixa autoestima aos olhos de Deus

Falarei ao meu Senhor, sendo apenas pó e cinza. Se eu me considerar mais, eis que Tu estás contra mim, e minhas iniquidades dão testemunho verdadeiro, e não posso contestá-lo. Mas se eu me rebaixar, e me reduzir a nada, e me afastar de toda autoestima, e me reduzir ao pó que sou, Tua graça me será favorável, e Tua luz estará perto de meu coração; e toda autoestima, por menor que seja, será engolida nas profundezas de meu nada, e perecerá para sempre. "Lá Tu me mostras a mim mesmo, o que sou, o que fui e de onde vim; eu era tão tolo e ignorante."[52] Se for deixado sozinho, eis que não sou nada, sou todo fraqueza; mas se, de repente, Tu olhares para mim, imediatamente me fortalecerei e me encherei de nova alegria. E é uma grande maravilha que eu seja tão repentinamente elevado e tão graciosamente abraçado por Ti, uma vez que estou sempre sendo levado para as profundezas por meu próprio peso.

2. Isso é o que faz o Teu amor, que vai livremente à minha frente e me socorre em tantas necessidades, que me guarda também em grandes perigos e me protege, como posso realmente dizer, de inúmeros males. Pois, na verdade, amando-me mal, eu me perdi, e buscando e amando sinceramente somente a Ti, eu encontrei a mim mesmo e a Ti, e por meio do amor eu me levei a um nada ainda mais profundo, porque Tu, ó dulcíssimo Senhor, me tratas além de todo mérito e acima de tudo o que eu ouso pedir ou pensar.

3. Bendito sejas, ó meu Deus, porque embora eu seja indigno de todos os Teus benefícios, a Tua bondade abundante e infinita nunca deixa de fazer o bem, mesmo aos ingratos e aos que se afastaram de Ti. Converte-nos a Ti, para que sejamos gratos, humildes e piedosos, pois Tu és a nossa salvação, nossa coragem e nossa força.

---

52 Salmos, 73:22.

Capítulo IX
Que todas as coisas devem ser encaminhadas a Deus, como o fim supremo

"Meu Filho, devo ser seu fim supremo e final, se você deseja ser verdadeiramente feliz. Com esse propósito, sua afeição será purificada, a qual, com muita frequência, está pecaminosamente voltada para si mesma e para as coisas criadas. Pois, se você buscar a si em qualquer assunto, imediatamente falhará dentro de si e se tornará estéril. Portanto, remeta tudo a Mim antes de tudo, pois fui Eu quem lhe deu tudo. Portanto, considere cada bênção como algo que flui do Bem Supremo e, assim, todas as coisas devem ser atribuídas a Mim como sua fonte."

2. "De Mim os humildes e os grandes, os pobres e os ricos, tiram água como de uma fonte viva, e aqueles que Me servem com um espírito livre e fiel receberão graça por graça. Mas aquele que se gloriar à parte de Mim, ou se deleitar com qualquer bem que reside em si, não será estabelecido na verdadeira alegria, se dilatará no coração, mas será grandemente prejudicado e lançado em tribulação. Portanto, você não deve atribuir nenhum bem a si, nem considerar a virtude como pertencente a qualquer homem, mas atribuir tudo a Deus, sem o qual o homem nada tem. Eu dei tudo, receberei tudo de novo, e com grande rigor exijo que dê graças."

3. "Esta é a Verdade, e por ela a vaidade da vanglória é posta em fuga. E, se a graça celestial e a verdadeira caridade entrarem em você, não haverá inveja, nem estreitamento do coração, nem amor-próprio algum se apoderará de você. Pois, a caridade divina conquista todas as coisas e amplia todas as faculdades da alma. "Se você for verdadeiramente sábio, se alegrará somente em Mim, esperará somente em Mim; pois não há outro bom senão um, que é Deus"[53], que deve ser louvado acima de todas as coisas, e em todas as coisas receber bênçãos".

Capítulo X
Quão doce é desprezar o mundo e servir a Deus

Agora falarei novamente, ó meu Senhor, e não me calarei; direi aos ouvidos de meu Deus, meu Senhor e meu Rei, que é exaltado acima de tudo: "Oh, quão abundante é a Tua bondade, que reservaste para aqueles que Te temem!"[54] Mas o que és Tu para aqueles que Te amam? E aqueles que Te servem de todo o coração? Verdadeiramente indescritível é a doçura da contemplação de Ti,

---
53 Lucas, 18:19.
54 Salmos, 31:19.

que Tu concedes àqueles que Te amam. Nisto, acima de tudo, Tu me mostraste a doçura de Tua caridade, quando eu não era, Tu me criaste, e quando eu me afastei de Ti, Tu me trouxeste de volta para que eu pudesse Te servir e me ordenaste que Te amasse.

2. Ó Fonte de amor perpétuo, o que direi a Teu respeito? Como poderei deixar de lembrar-me de Ti, que te concedeste lembrar-te de mim, mesmo depois de eu ter me afligido e perecido? Tiveste misericórdia além de toda esperança para com Teu servo e mostraste Tua graça e amizade além de todo merecimento. Que recompensa Te darei por essa Tua graça? Pois, não é dado a todos renunciar a este mundo e a seus negócios e assumir uma vida religiosa. Porventura é grande coisa eu servir a Ti, a quem toda criatura deve servir? Não me deve parecer grande coisa servir-Te; antes, parece-me grande e maravilhoso que Tu te permitas receber como Teu servo alguém tão pobre e indigno e juntá-lo aos Teus servos escolhidos.

3. Eis que todas as coisas que tenho são Tuas e com elas Te sirvo. E, no entanto, em verdade és Tu quem me serve e não eu a Ti. Eis o céu e a terra que criastes para o serviço dos homens; eles estão às vossas ordens e executam diariamente tudo o que ordenais. Sim, e isso é pouco; pois Tu até ordenaste os anjos para o serviço do homem. Mas o que ultrapassa todas essas coisas é o fato de que Tu mesmo te permitiste ministrar ao homem e prometeste que Te darias a ele.

4. O que devo render a Ti por todas essas Tuas múltiplas misericórdias? Oh, se eu pudesse servir-Te todos os dias da minha vida! Oh, se eu pudesse servi-Lo todos os dias de minha vida! Oh, se mesmo por um dia eu fosse capaz de prestar um serviço digno de Ti! Pois, em verdade, Tu és digno de todo serviço, toda honra e louvor sem fim. Em verdade, Tu és meu Deus e eu sou Teu pobre servo, obrigado a servir-Te com todas as minhas forças e nunca devo me cansar de Teu louvor. Este é o meu desejo, este é o meu grande desejo e tudo o que me falta, Tu podes suprir.

5. É uma grande honra e uma grande glória servir-Te e desprezar tudo por Tua causa. Pois, terão grande graça aqueles que, por sua própria vontade, se submeterem ao Teu santíssimo serviço. Aqueles que, por Teu amor, rejeitaram todo deleite carnal, encontrarão o mais doce consolo do Espírito Santo. Aqueles que, por amor ao Teu Nome, entrarem no caminho estreito da vida e deixarem de lado todas as preocupações mundanas, alcançarão grande liberdade de espírito.

6. Ó, serviço grato e agradável de Deus, pelo qual o homem se torna verdadeiramente livre e santo! Ó, sagrada condição do servo religioso, que torna o homem igual aos Anjos, agradável a Deus, terrível para os espíritos malignos e aceitável para todos os fiéis! Ó, serviço a ser abraçado e sempre desejado, no qual o bem maior é prometido e é a alegria é obtida para sempre!

Capítulo XI
Que os desejos do coração devem ser examinados e governados

"Meu filho, você ainda tem muitas coisas para aprender que ainda não aprendeu bem."

2. Quais são elas, Senhor?

3. "Colocar o teu desejo totalmente em sujeição à Minha boa vontade, e não ser um amante de si, mas um buscador sincero da Minha vontade. Seus desejos muitas vezes te estimulam e te impulsionam a seguir em frente; mas considere consigo mesmo se você não está mais motivado por seus próprios objetivos do que por Minha honra. Se é a mim mesmo que você busca, ficará satisfeito com tudo o que Eu ordenar; mas se alguma busca própria estiver oculta dentro de você, eis que é isso que o atrapalha e oprime."

4. "Acautela-te, pois, de que não te esforces demasiado por seguir algum desejo que tenhas concebido, sem te aconselhares comigo; para que não suceda que depois te arrependas, e te desagrade aquilo que antes te agradava, e pelo qual ansiavas como por um grande bem. Porque nem toda afeição que parece boa deve ser imediatamente seguida; nem toda afeição oposta deve ser imediatamente evitada. Às vezes é conveniente usar de moderação até mesmo em bons desejos e vontades, para que, por meio da importunação, você não caia em distração mental, para que, por falta de disciplina, você não se torne um obstáculo para os outros, ou para que, pela resistência dos outros, você não seja subitamente perturbado e levado à confusão."

5. "Às vezes, de fato, é necessário usar a violência e lutar corajosamente contra o apetite sensual, e não considerar o que a carne pode ou não querer; mas sim lutar por isso, para que possa se tornar sujeita, ainda que a contragosto, ao espírito. E por tanto tempo deve ser castigado e obrigada a submeter-se à escravidão, até que esteja pronto para todas as coisas e aprenda a se contentar com pouco, a se deleitar com as coisas simples e a nunca murmurar diante de qualquer inconveniente."

Capítulo XII
Do crescimento interior da paciência e da luta contra os maus desejos

Ó Senhor Deus, vejo que a paciência é muito necessária para mim, pois muitas coisas nesta vida são contrárias. Pois, não importa como eu tenha planejado minha paz, minha vida não pode continuar sem conflitos e problemas.

2. "Você fala com verdade, Meu Filho. Pois, não quero que você busque uma paz sem provações e que não conheça adversidades, mas sim que julgue ter encontrado a paz quando for provado por múltiplas tribulações e por muitas adversidades. Se você disser que não é capaz de suportar muito, como então suportará o fogo no futuro? De dois males, devemos sempre escolher o menor. Portanto, para que você possa escapar dos tormentos eternos no futuro, esforce-se em nome de Deus, para suportar corajosamente os males atuais. Você acha que as crianças deste mundo não sofrem nada ou sofrem pouco? Você não achará que é assim, mesmo que encontre os mais prósperos."

3. "Mas, dirás, 'eles têm muitos prazeres e seguem suas próprias vontades, e assim suportam levemente suas tribulações.'"

4. "Seja assim, conceda que eles tenham o que desejam; mas quanto até quando, pensais vós, durará isso? Eis que, como a fumaça, aqueles que são ricos neste mundo passarão e nenhum registro permanecerá de suas alegrias passadas. Sim, mesmo enquanto viverem, eles não descansam sem amargura, cansaço e medo. Pois, pela mesma coisa em que encontram prazer, muitas vezes sofrem o castigo da tristeza. Acontece com justiça que, por procurarem e perseguirem prazeres fora da medida, não os desfrutam sem confusão e amargura. Oh, quão curtos, quão falsos, quão desordenados e perversos são todos esses prazeres! No entanto, devido à sua estupidez e cegueira, os homens não compreendem; mas, como animais brutos, por causa de um pouco de prazer nesta vida corruptível, eles incorrem na morte da alma. "Tu, portanto, meu filho, não sigas as tuas concupiscências, mas abstém-te dos teus apetites."[55] "Deleita-te no Senhor, e Ele te concederá o desejo do teu coração."[56]

5. "Pois se você verdadeiramente deseja encontrar prazer e ser abundantemente consolado por Mim, saiba que a sua bênção estará no desprezo de todas as coisas mundanas e em evitar todos os prazeres sem valor. Neste caminho, a plenitude do consolo lhe será concedida. Quanto mais você se distanciar de todo o consolo que as criaturas oferecem, mais doce e poderoso será o seu consolo. Entretanto, no início, você não conseguirá alcançar essa meta sem enfrentar algum sofrimento e esforço árduo. O hábito de longa data irá se opor, mas será sobrepujado por um hábito melhor. A carne irá murmurar repetidas vezes, mas será contida pelo

---

55 Eclesiastes, 18:30.
56 Salmos, 37:4.

fervor do espírito. A antiga serpente irá instigá-lo e amargurá-lo, mas será posta em fuga pela oração; além disso, por meio de um trabalho útil, sua entrada será grandemente obstruída."

Capítulo XIII
Da obediência de alguém em humilde sujeição, segundo o exemplo de Jesus Cristo

"Meu Filho, aquele que se esforça para afastar-se da obediência, afasta-se também da graça e aquele que busca vantagens particulares, perde aquelas que são comuns a todos. Se um homem não se submete livre e voluntariamente a alguém que está acima dele, é um sinal de que sua carne ainda não está perfeitamente sujeita a si, mas muitas vezes resiste e murmura. Aprenda, portanto, rapidamente a submeter-se àquele que está acima de você, se você procura submeter sua própria carne. Pois, o inimigo externo é rapidamente vencido se o homem interior não for abatido. Não há inimigo mais grave e mortal para a alma do que você mesmo se não for guiado pelo Espírito. Você não deve conceber desprezo por si, se quiser prevalecer contra a carne e o sangue. Porque você ainda ama a si desordenadamente, por isso, evita se entregar à vontade dos outros."

2. "Mas que grande coisa é você, que é pó e nada, render-se ao homem por causa de Deus, quando eu, o Todo-Poderoso e o Altíssimo, que criei todas as coisas do nada, me sujeitei ao homem por sua causa? Eu me tornei o mais humilde e desprezado dos homens, para que, por Minha humildade, você pudesse vencer seu orgulho. Aprenda a obedecer, ó pó! Aprenda a se humilhar, ó terra e barro, e a se curvar sob os pés de todos. Aprenda a esmagar suas paixões e a se submeter a tudo."

3. "Sê zeloso contra ti mesmo e não permitas que a soberba habite em ti, mas mostra-te submisso e sem reputação, para que todos possam passar por cima de ti e te pisar como o barro nas ruas. Que tens tu, ó homem insensato, de que te queixar? Que podes responder, ó vil pecador, aos que falam contra ti, visto que tantas vezes ofendeste a Deus e, muitas vezes, mereceste o inferno? Mas os Meus olhos te pouparam, porque a tua alma era preciosa aos Meus olhos; para que conheças o Meu amor e sejas grato pelos Meus benefícios; e para que te entregues totalmente à verdadeira sujeição e humildade, e suportes pacientemente o desprezo que mereces."

Capítulo XIV
De meditação sobre os julgamentos ocultos de Deus, para que não nos ensoberbeçamos por causa de nosso bem-estar

Envias os teus juízos contra mim, Senhor, e todos os meus ossos se abalam de pavor e tremor, e a minha alma estremece sobremaneira. "Fico atônito e me lembro de que os céus não são limpos aos Teus olhos."[57] Se acusaste os Teus anjos de insensatez e não os poupaste, como será comigo? As estrelas caíram do céu, e que ousarei eu, que não sou senão pó? Aqueles cujas obras pareciam dignas de louvor caíram nas profundezas mais baixas, e os que comiam a comida dos anjos, eu os vi deleitados com as cascas que os porcos comem.

2. Portanto, não há santidade se Tu, Senhor, retirares a Tua mão. Não há sabedoria que aproveite, se deixares de guiar o leme. Não há força que valha, se Tu deixares de preservar. Nenhuma pureza estará segura, se Tu não a protegeres. De nada adianta a autoconservação se a Tua santa vigilância não estiver presente. Pois, quando somos deixados sozinhos, somos engolidos e perecemos, mas quando somos visitados, somos levantados e vivemos. Porque, na verdade, somos instáveis, mas por Ti nos fortalecemos; esfriamos, mas por Ti nos reacendemos.

3. Oh, com que humildade e abjeção devo fazer as contas de mim mesmo, como devo pesar isso como nada, se parece que não tenho nada de bom! Oh, quão profundamente devo me submeter a Teus insondáveis julgamentos, Senhor, quando não me encontro com mais nada além de nada e, novamente, nada! Oh, peso incomensurável, oh, oceano que não pode ser atravessado, onde não encontro nada de mim mesmo, exceto nada mesmo! Onde, então, está o esconderijo da glória, onde está a confiança gerada pela virtude? Toda vanglória é engolida nas profundezas de Teus julgamentos contra mim.

4. "Que é toda carne diante de Ti? Como se elevará em vãs palavras aquele cujo coração está submetido em verdade a Deus?"[58] O mundo inteiro não levantará aquele a quem a verdade subjugou, nem se comoverá com a boca de todos os que o louvam, se tiver posto toda a sua esperança em Deus. Pois, os que falam, eis que todos eles nada são; "porque cessarão com o som das suas palavras, mas a verdade do Senhor permanece para sempre."[59]

---

57 Jó, 15:15.
58 Isaías, 29:16.
59 Salmos, 117:2.

Capítulo XV
Como devemos nos posicionar e falar em tudo o que desejamos

"Meu Filho, fale assim em todos os assuntos: 'Senhor, se for do Teu agrado, que isso aconteça. Senhor, se isso for para Tua honra, que seja feito em Teu nome. Senhor, se vires que é bom para mim e o aprovares como útil, concede-me que o use para Tua honra. Mas, se sabes que me fará mal e não será proveitoso para a saúde de minha alma, afasta de mim o desejo'! Pois, nem todo desejo vem do Espírito Santo, embora pareça correto e bom para o homem. É difícil julgar com certeza se um espírito bom ou mau o leva a desejar isso, ou aquilo, ou se você é movido por seu próprio espírito. Muitos foram enganados no final, os quais, no início, pareciam ser movidos por um bom espírito."

2. "Portanto, o que quer que lhe pareça desejável, você deve sempre desejar e buscar com o temor de Deus e humildade de coração e, acima de tudo, deve renunciar totalmente a si, entregar tudo a Mim e dizer: "Senhor, Tu sabes o que é melhor; que seja isso ou aquilo, conforme a Tua vontade. Dê o que o Senhor quiser, tanto quanto o Senhor quiser, quando o Senhor quiser. Faze comigo o que Tu sabes fazer de melhor, o que melhor Te agradar e o que mais Te honrar. Coloque-me onde quiser e faça livremente Sua vontade comigo em todas as coisas. Estou em Tuas mãos e faze-me seguir meu curso. Eis que sou Teu servo, pronto para todas as coisas, pois desejo viver não para mim mesmo, mas para Ti. Oh, que eu possa viver digna e perfeitamente."

UMA ORAÇÃO PARA SERMOS CAPAZES DE FAZER A VONTADE DE DEUS PERFEITAMENTE

3. Conceda-me Tua graça, Jesus misericordioso, para que ela esteja comigo, atue em mim e persevere em mim até o fim. Concede-me que eu possa sempre desejar e querer tudo o que for mais agradável e querido para Ti. Que a Tua vontade seja a minha, e que a minha vontade sempre siga a Tua e esteja totalmente de acordo com ela. Que eu possa escolher e rejeitar tudo o que Tu fazes; sim, que seja impossível escolher ou rejeitar, exceto a Tua vontade.

4. Conceda-me morrer para todas as coisas mundanas e, por amor a Ti, amar ser desprezado e desconhecido neste mundo. Conceda-me,

acima de todas as coisas que eu possa desejar, descansar em Ti, e que em Ti meu coração possa estar em paz. Tu és a verdadeira paz do coração, somente Tu és o seu descanso; fora de Ti, todas as coisas são difíceis e inquietas. "Somente em Ti, o Deus supremo e eterno, eu me deitarei em paz e descansarei."[60] Amém.

Capítulo XVI
O verdadeiro consolo deve ser buscado somente em Deus

O que quer que eu possa desejar ou pensar para meu consolo, não o procuro aqui, mas no futuro. Pois, se eu tivesse todos os confortos deste mundo e pudesse desfrutar de todos os seus prazeres, é certo que eles não durariam muito tempo. Por isso, ó minha alma, só em Deus, o Consolador dos pobres e o edificador dos humildes, você pode ser plenamente consolada e perfeitamente revigorada. Espere só um pouco, minha alma, espere pela promessa divina, e você terá abundância de todas as coisas boas no céu. Se você ansiar excessivamente pelas coisas que são agora, perderá as que são eternas e celestiais. Que as coisas temporais estejam no uso, e as eternas no desejo. Você não pode se satisfazer com nenhum bem temporal, pois não foi criado para desfrutar desses bens.

2. "Ainda que você tivesse todas as coisas boas que já foram criadas, não poderia ser feliz e abençoado; toda a sua bem-aventurança e felicidade estão em Deus, que criou todas as coisas; não uma felicidade como a que parece boa para o tolo amante do mundo, mas como a que os servos bons e fiéis de Cristo esperam, e como a que os espirituais e puros de coração às vezes experimentam, cuja conversa é no céu."[61] Todo consolo humano é vazio e de curta duração; abençoado e verdadeiro é aquele consolo que é sentido interiormente, proveniente da verdade. O homem piedoso leva consigo seu próprio Consolador, Jesus, e diz a Ele: "Esteja comigo, Senhor Jesus, sempre e em toda parte. Que seja meu consolo ser capaz de abandonar alegremente todo o conforto humano. E se a Tua consolação me faltar, que a Tua vontade e a Tua justa aprovação estejam sempre comigo para o maior conforto. Pois, Tu não estarás sempre repreendendo, nem guardarás Tua ira para sempre."[62]

---

60 Salmos, 4:8.

61 Filipenses, 3:20.

62 Salmos, 113:9.

Capítulo XVII
Todo cuidado deve ser lançado sobre Deus

"Meu Filho, deixa-me fazer contigo o que eu quiser; Eu sei o que é conveniente para você. Você pensa como um homem, em muitas coisas você julga conforme a afeição humana o persuade."

2. Senhor, o que dizes é verdade. Maior é o Teu cuidado por mim do que todo o cuidado que sou capaz de ter por mim mesmo. Pois, é muito inseguro aquele que não lança todos os seus cuidados sobre Ti. Senhor, enquanto minha vontade estiver certa e firme em Ti, faze comigo o que quiseres, pois, tudo o que fizeres comigo só poderá ser bom. Bendito sejas Tu se me deixares nas trevas; bendito sejas Tu também se me deixares na luz. Bendito seja o Senhor, se permitir que eu seja consolado, e sempre bendito seja o Senhor, se me deixar perturbado.

3. "Meu filho, é assim que você deve se comportar se quiser andar comigo. Você deve estar pronto tanto para o sofrimento quanto para a alegria. Você deve ser pobre e necessitado de bom grado, assim como farto e rico."

4. Senhor, de bom grado suportarei por Ti tudo o que Tu quiseres que venha sobre mim. Sem escolha, receberei de Tua mão, o bem e o mal, o doce e o amargo, a alegria e a tristeza e Te darei graças por todas as coisas que me acontecerem. Guarda-me de todo pecado e não temerei a morte nem o inferno. Apenas não me lance para sempre, nem me apague do livro da vida. Assim, nenhuma tribulação que venha sobre mim me fará mal.

Capítulo XVIII
As misérias temporais devem ser suportadas com paciência, seguindo o exemplo de Cristo

"Meu filho! Desci do céu para a tua salvação; tomei sobre Mim as tuas misérias não por necessidade, mas atraído pelo amor para que aprendesses a ter paciência e pudesses suportar as misérias temporais sem murmurar. Pois, desde a hora do Meu nascimento até a Minha morte na Cruz, Eu não parei de sofrer; tive muita falta de coisas temporais; muitas vezes ouvi reprovações contra Mim mesmo; suportei gentilmente contradições e palavras duras; recebi ingratidão por benefícios, blasfêmias por Meus milagres, repreensões por Minha doutrina."

2. Senhor, porque Tu foste paciente em Tua vida, cumprindo assim, acima de tudo, o mandamento de Teu Pai, é bom que eu, miserável pecador, me comporte pacientemente segundo a Tua vontade e, enquanto Tu quiseres, carregue comigo, para minha salvação, o fardo desta vida corruptível. Pois, embora a vida atual pareça pesada, ela já se tornou muito cheia de mérito por meio de Tua graça, e para aqueles que são fracos ela se torna mais fácil e mais brilhante por meio de Teu exemplo e dos passos de Teus santos; mas também é muito mais cheia de consolo do que era antigamente, sob o antigo Testamento, quando a porta do céu permanecia fechada; e até mesmo o caminho para o céu parecia mais obscuro quando tão poucos se preocupavam em buscar o reino celestial. Mas nem mesmo aqueles que eram justos e estavam no caminho da salvação puderam, antes de Tua Paixão e do resgate de Tua santa Morte, entrar no reino dos céus.

3. Oh, que grande gratidão devo dar a Ti, que te encarregaste de mostrar a mim e a todas as pessoas fiéis o caminho bom e correto para o Teu reino eterno, pois o Teu caminho é o nosso caminho e, com santa paciência, caminhamos até Ti, que és a nossa Coroa. Se não tivesses ido antes e nos ensinado, quem se importaria em seguir? Oh, quão longe eles teriam retrocedido se não tivessem visto Teu glorioso exemplo! Eis que ainda estamos mornos, embora tenhamos ouvido falar de Teus muitos sinais e discursos; o que seria de nós se não tivéssemos essa luz para nos ajudar a seguir-Te?

Capítulo XIX
De sofrer lesões, e quem será aprovado como verdadeiramente paciente

"O que você diz, Meu Filho? Pare de reclamar; considere o Meu sofrimento e o dos Meus santos. 'Você ainda não resistiu até o sangue.'[63] É pouco o que você sofre em comparação com aqueles que sofreram tantas coisas, foram tão fortemente tentados, tão dolorosamente perturbados, tantas vezes provados e testados. Portanto, você deve lembrar-se dos sofrimentos mais graves dos outros, para poder suportar mais facilmente os seus menores; e se eles não lhe parecerem pequenos, veja se não é a sua impaciência a causa disso. Mas, quer sejam pequenos, quer sejam grandes, procurai suportá-los todos com paciência."

2. Enquanto se dispuser a suportar pacientemente, estará agindo com sabedoria e merecendo mais mérito; também suportará mais facilmente se sua mente e hábito forem cuidadosamente treinados para isso. E não diga: 'Não posso suportar essas coisas de tal homem, nem coisas desse tipo devem

---

[63] Hebreus, 12:4.

ser suportadas por mim, pois ele me fez um grande mal e me imputa o que eu nunca havia pensado; mas de outro sofrerei pacientemente as coisas que vejo que devo sofrer'. Insensato é um pensamento como esse, pois não considera a virtude da paciência, nem por quem essa virtude deve ser coroada, mas sim pesa as pessoas e as ofensas contra si.

3. "Não é verdadeiramente paciente aquele que só sofrerá o que lhe parecer justo e de quem lhe aprouver. Mas o homem verdadeiramente paciente não considera por qual homem é provado, se por um superior a ele, ou por um igual ou inferior, se por um homem bom e santo, ou por um perverso e indigno; mas indiferentemente de toda criatura, qualquer que seja a adversidade que lhe aconteça, ou quantas vezes lhe aconteça, ele aceita com gratidão tudo da mão de Deus e considera isso um grande ganho; pois com Deus nada do que é suportado por Sua causa, por menor que seja, perderá sua recompensa."

4. "Esteja, portanto, pronto para a luta se quiser obter a vitória. Sem esforço, você não pode ganhar a coroa da paciência; se não quiser sofrer, você se recusa a ser coroado. Mas, se você deseja ser coroado, esforce-se corajosamente, aguente com paciência. Sem trabalho você não se aproxima do descanso, nem sem lutar chega à vitória."

5. Senhor, torna possível para mim, pela graça, o que me parece impossível por natureza. Vós sabeis quão pouco sou capaz de suportar e quão rapidamente sou derrubado quando uma adversidade semelhante se levanta contra mim. Qualquer que seja a provação ou tribulação que me sobrevenha, que ela me seja agradável e aceitável, pois sofrer e ser afligido por Tua causa é extremamente saudável para a alma.

Capítulo XX
Da confissão das nossas enfermidades e das misérias desta vida

"Reconhecerei meu pecado diante de Ti"[64]; Confessarei a Ti, Senhor, minha enfermidade. Muitas vezes é uma coisa pequena que me derruba e me deixa triste. Decido que agirei com coragem, mas quando surge uma pequena tentação, imediatamente fico em grande apuro. Às vezes, a questão de onde vem uma tentação grave é maravilhosamente pequena e, embora eu me considere seguro por algum tempo, quando não estou pensando nisso, muitas vezes me vejo quase vencido por um pequeno sopro de vento.

---

64 Salmos, 32:5.

2. Vê, pois, ó Senhor, a minha humildade e a minha fragilidade, que Te são totalmente conhecidas. "Sê misericordioso para comigo e tira-me da lama, para que eu não afunde"[65], a fim de que eu não permaneça sempre abatido. É isso que frequentemente me faz recuar e me confunde diante de Ti, o fato de eu ser tão suscetível a cair, tão fraco para resistir às minhas paixões. E embora seu ataque não seja totalmente de acordo com minha vontade, ele é violento e doloroso, e me deixa totalmente cansado viver assim, diariamente, em conflito. É aqui que minha enfermidade se torna conhecida, pois as fantasias odiosas sempre se precipitam com muito mais facilidade do que se afastam.

3. Ó, poderoso Deus de Israel, Amante de todas as almas fiéis, olha para o trabalho e a tristeza de Teu servo e dá-lhe ajuda em todas as coisas pelas quais ele luta. Fortalece-me com a fortaleza celestial, para que o velho homem, esta miserável carne, que ainda não está totalmente submissa ao espírito, não prevaleça para governar sobre mim; contra o que devo lutar enquanto permanecer nesta vida miserável. Oh, que vida é esta, em que as tribulações e misérias não cessam, em que todas as coisas estão cheias de armadilhas e inimigos, pois quando uma tribulação ou tentação passa, outra vem, sim, enquanto o primeiro conflito ainda está em andamento, outros vêm em maior número e inesperadamente.

4. E como pode a vida do homem ser amada, visto que tem tantas coisas amargas, que está sujeita a tantas calamidades e misérias. Como pode ser chamada de vida, quando produz tantas mortes e pragas? O mundo é frequentemente reprovado por ser enganoso e vaidoso, mas, apesar disso, não é fácil abandoná-lo, porque os desejos da carne têm muito domínio sobre ele. Alguns nos levam a amar, outros a odiar. A concupiscência da carne, a concupiscência dos olhos e a soberba da vida nos levam a amar o mundo; mas os castigos e as misérias que justamente se seguem a essas coisas geram ódio ao mundo e cansaço.

5. "Mas, infelizmente, um desejo maligno conquista uma mente dada ao mundo e pensa que é uma felicidade estar sob as urtigas"[66] porque não saboreia nem percebe a doçura de Deus, nem a graça interior da virtude. Mas aqueles que desprezam perfeitamente o mundo e se esforçam para viver para Deus em santa disciplina, esses não ignoram a doçura divina prometida a todos os que verdadeiramente negam a si e veem claramente quão gravemente o mundo erra e de quantas maneiras é enganado.

---

65 Salmos, 69:14.
66 Jó, 30:7.

Capítulo XXI
Devemos descansar em Deus acima de todos os bens e dons

Acima de todas as coisas e em todas as coisas, você descansará sempre no Senhor, ó minha alma, pois ele mesmo é o descanso eterno dos santos. Concede-me, ó dulcíssimo e amantíssimo Jesus, descansar em Ti acima de toda criatura, acima de toda saúde e beleza, acima de toda glória e honra, acima de todo poder e dignidade, acima de todo conhecimento e habilidade, acima de todas as riquezas e artes, acima de toda alegria e exultação, acima de toda fama e louvor, acima de toda doçura e consolo, acima de toda esperança e promessa, acima de todo mérito e desejo, acima de todos os dons e recompensas que Tu podes dar e derramar, acima de toda alegria e júbilo que a mente é capaz de receber e sentir; em uma palavra, acima dos anjos e arcanjos e de todo o exército do céu, acima de todas as coisas visíveis e invisíveis, e acima de tudo o que Tu, ó meu Deus, não és.

2. Pois Tu, ó Senhor, meu Deus, és o melhor acima de todas as coisas; Tu és somente o Altíssimo, Tu somente o Todo-Poderoso, Tu somente o Todo-Suficiente e a Plenitude de todas as coisas; Tu somente o Todo-Delicioso e o Todo-Confortante; Tu somente o Totalmente Adorável e Totalmente Amoroso; Tu somente o Mais Exaltado e o Mais Glorioso acima de todas as coisas; em Quem todas as coisas são, foram e sempre serão, totalmente e completamente perfeitas. E, portanto, é insuficiente tudo o que Tu me dás sem Ti mesmo ou tudo o que Tu revelas ou prometes a respeito de Ti mesmo, enquanto Tu não és visto ou totalmente possuído: pois, em verdade, meu coração não pode verdadeiramente descansar nem estar inteiramente satisfeito, a menos que descanse em Ti, e vá além de todos os dons e de toda criatura.

3. Ó meu mais amado Esposo, Jesus Cristo, Santíssimo amante de minha alma, Governador de toda a Criação, quem me dará as asas da verdadeira liberdade, para que eu possa fugir para Ti e encontrar descanso? Oh, quando me será dado estar aberto para receber-Te plenamente e ver quão doce és, ó Senhor meu Deus? Quando me recolherei totalmente em Ti, para que, por causa de Teu amor, eu não me sinta mais eu mesmo, mas possa conhecer-Te acima de todos os sentidos e medidas, em uma medida que os outros não conhecem. Mas agora, muitas vezes, gemo e carrego meu triste estado com tristeza, porque muitos males me acontecem neste vale de misérias que continuamente me perturbam e me enchem de tristeza, e me envolvem, continuamente me impedem e me enchem de cuidados, me atraem e me enredam, de modo que não posso ter livre acesso a Ti, nem desfrutar daquele doce convívio que está sempre próximo dos espíritos abençoados. Que o

meu profundo suspiro chegue diante de Ti, e a minha desolação múltipla sobre a terra.

4. Ó Jesus, Luz da Glória Eterna, consolo da alma errante, diante de Ti minha boca está sem fala e meu silêncio fala a Ti. Até quando meu Senhor demorará a vir a mim? Que Ele venha a mim, Seu pobre e humilde, e me faça feliz. Que Ele estenda a Sua mão e livre o Seu santo de toda armadilha. Venha, Oh, venha; pois sem Ti não haverá dia ou hora de alegria, pois Tu és a minha alegria, e sem Ti a minha mesa está vazia. Sou miserável e, de certa forma, estou preso e carregado de grilhões, até que Tu me refresques com a luz da Tua presença, me dês liberdade e mostres o Teu rosto amoroso.

5. Que outros busquem outra coisa em vez de Ti, o que quer que lhes agrade; mas, de minha parte, nada mais me agrada ou agradará, exceto Tu, meu Deus, minha esperança, minha salvação eterna. Não me calarei, nem deixarei de implorar, até que Tua graça retorne e até que fales comigo em meu íntimo.

6. "Eis que estou aqui! Eis que venho a ti, pois tu me chamaste. Suas lágrimas e o anseio de sua alma, sua humildade e contrição de coração Me inclinaram e Me trouxeram até você."

7. E eu disse: Senhor, eu Te invoquei e desejei desfrutar de Ti, estando pronto para rejeitar tudo por Tua causa. Pois, Tu primeiro me levaste a buscar-Te. Portanto, bendito sejas, Senhor, que fizeste essa boa obra no teu servo, segundo a multidão da tua misericórdia. Que tem, pois, o teu servo a dizer na tua presença, senão que se humilha muito perante ti, tendo sempre presente a sua própria iniquidade e maldade? Pois, não há ninguém semelhante a Ti em todas as maravilhas do céu e da terra. Excelentes são as Tuas obras, verdadeiros são os Teus julgamentos e todas as coisas são governadas pela Tua Providência. Portanto, louvor e glória a Ti, ó Sabedoria do Pai, que minha boca, minha alma e todas as coisas criadas Te louvem e bendigam juntas.

Capítulo XXII
Da lembrança dos múltiplos benefícios de Deus

Abre, ó Senhor, meu coração em Tua lei e ensina-me a andar no caminho de Teus mandamentos. Concede-me compreender a Tua vontade e estar atento aos Teus benefícios, tanto gerais como especiais, com grande reverência e meditação diligente, para que assim eu possa dignamente agradecer-Te. No entanto, sei e confesso que não posso Te render os devidos louvores pela menor de Tuas misericórdias. Sou menos do que a menor de todas as coisas boas que me deste; e quando considero Tua majestade, meu espírito desfalece por causa de sua grandeza.

2. Todas as coisas que temos na alma e no corpo, e todas as coisas que possuímos, seja exterior ou interiormente, natural ou sobrenaturalmente, são Tuas boas dádivas e provam que Tu, de quem recebemos todas elas, és bom, gentil e amável. Embora um receba muitas coisas e outro menos, todas são Tuas, e sem Ti nem mesmo a menor coisa pode ser possuída. Aquele que recebeu mais não pode se vangloriar de que é por seu próprio mérito, nem se elevar acima dos outros, nem condenar os que estão abaixo dele; pois é maior e melhor aquele que atribui menos a si e, ao agradecer, é mais humilde e devoto; e aquele que se considera pior do que todos e se julga mais indigno é o mais apto a receber coisas maiores.

3. Mas aquele que recebeu menos dádivas não deve se abater, nem levar a mal, nem invejar aquele que é mais rico; antes, deve olhar para Ti e exaltar grandemente a Tua bondade, pois Tu derramas as Tuas dádivas tão rica, livre e amplamente, sem acepção de pessoas. Todas as coisas vêm de Ti; portanto, em todas as coisas Tu serás louvado. Tu sabes o que é melhor ser dado a cada um; e por que este homem tem menos, e aquele mais, não cabe a nós, mas a Ti, entender, pois a Ti são plenamente conhecidos os merecimentos de cada homem.

4. Por isso, Senhor Deus, considero um grande benefício não ter muitas coisas, pelas quais o louvor e a glória possam aparecer exteriormente e segundo o pensamento dos homens. Porque assim é que aquele que considera a sua própria pobreza e vileza não só não deve tirar daí nenhum pesar, nem tristeza, nem abatimento de espírito, mas antes consolo e alegria; porque Tu, Senhor, escolheste os pobres e humildes, e os que são pobres neste mundo, para serem Teus amigos e conhecidos. Assim, dá testemunho a todos os Teus apóstolos, a quem fizeste príncipes em todas as terras. E, no entanto, tiveram uma conduta irrepreensível neste mundo, tão humildes e mansos, sem malícia nem engano, que até se alegraram de sofrer repreensões por amor do Teu Nome[67], e abraçaram com grande alegria as coisas que o mundo odeia.

5. Portanto, nada deve alegrar tanto aquele que Te ama e conhece Teus benefícios, como a Tua vontade nele e o bom prazer da Tua eterna Providência, com os quais ele deve estar tão contente e confortado, que ele desejaria tanto ser o menor quanto qualquer outro seria o maior, tão pacífico e contente no lugar mais baixo quanto no mais alto, e tão voluntariamente considerado de pequena e baixa conta e sem nome ou reputação quanto ser mais honrado e maior no mundo do que os outros. Pois a Tua vontade e o amor à Tua honra devem estar acima de todas as coisas, e agradá-lo e confortá-lo mais do que todos os benefícios que são dados ou podem ser dados a ele mesmo.

---

67 Atos, 5:41.

Capítulo XXIII
Das quatro coisas que trazem grande paz

"Meu filho, agora te ensinarei o caminho da paz e da verdadeira liberdade."

2. Faze, Senhor meu, como dizes, porque me agrada ouvir isso.

3. "Esforce-se, Meu Filho, para fazer a vontade do outro em vez da sua própria. Escolha sempre ter menos em vez de mais. Busque sempre o lugar mais baixo e seja submisso a todos. Deseje sempre e ore para que a vontade de Deus seja cumprida em você. Eis que um homem como esse entra na herança de paz e tranquilidade."

4. Ó meu Senhor, este Teu breve discurso tem em si muito de perfeito. É curto em palavras, mas cheio de significado e abundante em frutos. Pois, se fosse possível que eu o guardasse plenamente, a perturbação não surgiria tão facilmente dentro de mim. Pois sempre que me sinto inquieto e oprimido, descubro que me afastei desse ensinamento. Mas Tu, que és Todo-Poderoso e sempre amas o progresso da alma, concede-me mais graça, para que eu possa ser capaz de cumprir Tua exortação e operar minha salvação.

UMA ORAÇÃO CONTRA OS MAUS PENSAMENTOS

5. "Ó Senhor meu Deus, não fique longe de mim, meu Deus, apresse-se em me ajudar"[68], pois muitos pensamentos e grandes medos se levantaram contra mim, afligindo minha alma. Como passarei por eles ileso? Como poderei vencê-los?

6. "Eu", diz Ele, "irei adiante de ti e endireitarei os lugares tortuosos"[69]. Abrirei as portas da prisão e te revelarei os lugares secretos.

7. Faze, Senhor, o que Tu dizes; e que todos os maus pensamentos voem diante de Tua face. Essa é minha esperança e meu único consolo: voar até Ti em toda tribulação, esperar em Ti, invocar-Te de coração e esperar pacientemente por Tua bondade amorosa.

UMA ORAÇÃO PARA A ILUMINAÇÃO DA MENTE

8. Ilumine-me, Abençoado Jesus, com o brilho de Sua luz interior e expulse toda escuridão da morada de meu coração. Contenha meus muitos pensamentos errantes e afaste as tentações que se esforçam para me prejudicar. Luta poderosamente por mim e expulsa as feras malignas, assim como as concupiscências sedutoras, para que a "paz possa estar dentro de Teus muros e abundância de louvor em Teus palácios"[70], mesmo em minha consciência

---

68 Salmos, 61:12.

69 Isaías, 65:2.

70 Salmos, 122:7.

pura. Comanda os ventos e as tempestades, dize ao mar: "Aquieta-te", dize ao vento tempestuoso: "Cala-te", e assim haverá uma grande calma.

9. "Ó, envia Tua luz e Tua verdade"[71], para que brilhem sobre a terra, pois sou apenas terra sem forma e vazia até que Tu me ilumines. Derrama Tua graça do alto; regue meu coração com o orvalho do céu; dê as águas da devoção para regar a face da terra e faça com que ela produza frutos bons e perfeitos. Eleve minha mente que está oprimida pelo peso dos pecados e eleve todo o meu desejo às coisas celestiais; que, tendo provado a doçura da felicidade que vem do alto, não tenha prazer em pensar nas coisas da terra.

10. Atrai-me e livra-me de todo conforto instável das criaturas, pois nenhuma coisa criada é capaz de satisfazer meu desejo e me dar conforto. Une-me a Ti pelo vínculo inseparável do amor, pois só Tu és suficiente para aquele que Te ama, e sem Ti todas as coisas são brinquedos vãos.

Capítulo XXIV
De evitar investigações curiosas sobre a vida de outra pessoa

"Meu Filho, não seja curioso, nem se preocupe com preocupações vãs. "O que é isso para você? Siga-me"[72]. Pois o que te importa se um homem é isto ou aquilo, ou diz, ou faz isto ou aquilo? Você não precisa responder pelos outros, mas deve responder por si. Por que, pois, você se enreda? Eis que conheço todos os homens e vejo todas as coisas que se fazem debaixo do sol e sei como acontece com cada um, o que pensa, o que deseja e até onde vão seus pensamentos. Todas as coisas, portanto, devem ser confiadas a Mim; observe-se na paz piedosa e deixe aquele que está inquieto ficar inquieto como quiser. Tudo o que ele fizer ou disser virá a ele, pois não pode me enganar."

2. "Não te preocupes com a sombra de um grande nome, nem com a amizade de muitos, nem com o amor dos homens por ti. Pois, essas coisas geram distração e grandes tristezas no coração. Minha palavra deveria falar livremente a você e Eu revelaria segredos, se ao menos você esperasse

---
71 Salmos, 43:3.
72 João, 21:22.

diligentemente pela Minha aparição e me abrisse as portas do seu coração. "Seja sóbrio e vigie em oração"[73], e humilhe-se em todas as coisas".

Capítulo XXV
Onde consiste a firme paz de coração e o verdadeiro proveito

"Meu Filho, eu disse: "Deixo-vos a paz, dou-vos a minha paz, não vo-la dou como o mundo a dá"[74]. Todos os homens desejam a paz, mas nem todos se importam com as coisas que pertencem à verdadeira paz. Minha paz está com os humildes e puros de coração. Tua paz estará em muita paciência. Se me ouvirdes e seguirdes a minha voz, gozareis de muita paz."

2. O que devo fazer então, Senhor?

3. "Em tudo, tenha cuidado com o que faz e com o que diz; e direcione todos os seus propósitos para isto: agradar somente a Mim e não desejar ou buscar nada além de Mim. Mas, além disso, não julgue precipitadamente as palavras ou ações dos outros, nem se intrometa em assuntos que não lhe foram confiados; e pode ser que você seja perturbado pouco ou raramente. No entanto, nunca sentir qualquer inquietação, nem sofrer qualquer dor no coração ou no corpo, isso não pertence à vida presente, mas é o estado de descanso eterno. Portanto, não considere que encontrou a verdadeira paz se não sentiu nenhuma dor; nem que tudo está bem se não tem adversário; nem que isso é perfeito se todas as coisas acontecem de acordo com seu desejo. Tampouco se considere grande ou pense que é especialmente amado, se estiver em um estado de grande fervor e doçura de espírito; pois não é por essas coisas que se conhece o verdadeiro amante da virtude, nem nelas consiste o proveito e a perfeição do homem."

4. Em que então, Senhor?

5. "Oferecendo-se de todo o coração à vontade divina, não buscando as coisas que lhe pertencem, sejam elas grandes ou pequenas, temporais ou eternas; de modo que permaneça com o mesmo semblante firme ao agradecer entre a prosperidade e a adversidade, pesando todas as coisas em uma balança igual. Se fordes tão corajoso e longânimo na esperança que, quando o conforto interior vos for tirado, preparardes o vosso coração para uma maior perseverança e não vos justificardes, como se não devêsseis sofrer essas coisas pesadas, mas Me justificardes em todas as coisas que Eu designar, e bendisserdes o Meu Santo Nome, então andareis no verdadeiro e correto

---

73 1 Pedro, 4:7.
74 João, 14:27.

caminho da paz, e tereis uma esperança segura de que vereis novamente a Minha face com alegria. Pois, se você chegar a um total desprezo por si, saiba que então desfrutará de muita paz, tanto quanto é possível onde você não passa de um homem que segue o caminho."

Capítulo XXVI
Da exaltação de um espírito livre, que a oração humilde merece mais do que a leitura frequente

Senhor, esta é a obra de um homem perfeito: nunca desviar sua mente da atenção às coisas celestiais e, em meio a tantos cuidados, passar como se estivesse despreocupado, não como alguém indiferente, mas com o privilégio de uma mente livre, não se apegando a nenhuma criatura com afeição desordenada.

2. Suplico-Te, meu misericordioso Senhor Deus, que me preserves dos cuidados desta vida, para que eu não me envolva demais; de muitas necessidades do corpo, para que eu não seja levado cativo pelo prazer; de todos os obstáculos do espírito, para que eu não seja quebrantado e derrubado pelos cuidados. Não digo das coisas que a vaidade do mundo persegue com toda avidez, mas daquelas misérias que, pela maldição universal da mortalidade, pesam e retêm a alma de Teu servo em punição, de modo que ela não pode entrar na liberdade de espírito com tanta frequência quanto gostaria.

3. Ó meu Deus, doçura indescritível, transforma em amargura toda a minha consolação carnal, que me afasta do amor das coisas eternas, e perversamente me atrai para si, pondo diante de mim algum prazer presente. Não permita, ó meu Deus, que a carne e o sangue prevaleçam sobre mim, não permita que o mundo e sua curta glória me enganem, não permita que o diabo e sua astúcia me suplantem. Dê-me coragem para resistir, paciência para suportar, constância para perseverar. Conceda, em lugar de todas as consolações do mundo, a mais doce unção de Seu Espírito e, em lugar do amor carnal, derrame em mim o amor de Seu Nome.

4. Eis que comida, bebida, roupas e todas as outras necessidades relativas ao sustento do corpo são um fardo para o espírito devoto. Conceda-me que eu possa usar tais coisas com moderação e que não fique enredado em uma afeição excessiva por elas. Não é lícito jogar fora todas essas coisas, porque a natureza precisa ser sustentada, mas a santa lei proíbe exigir supérfluos e coisas que meramente proporcionam prazer; pois caso contrário a carne se

tornaria insolente contra o espírito. Em todas estas coisas, rogo-Te, que Tua mão me guie e me ensine, para que eu não exceda de forma alguma.

Capítulo XXVII
O amor pessoal impede grandemente o bem maior

"Meu Filho, você deve dar tudo por tudo e não ser nada de si. Saiba que o amor a si é mais prejudicial a você do que qualquer outra coisa no mundo. Conforme o amor e a inclinação que você tem, tudo se apega mais ou menos a você. Se o seu amor for puro, sincero e bem regulado, você não estará preso a nada. Não cobice o que não pode ter; não tenha o que pode lhe impedir e lhe roubar a liberdade interior. É maravilhoso que você não se comprometa comigo do fundo de seu coração, com todas as coisas que possa desejar ou ter."

2. "Por que você se consome em tristezas vãs? Por que se cansa com cuidados supérfluos? Fique de acordo com a Minha boa vontade e você não sofrerá nenhuma perda. Se você buscar isso ou aquilo, e estiver aqui ou ali, segundo a sua própria vantagem ou com a satisfação de seu próprio prazer, nunca estará em paz nem livre de preocupações, porque em tudo faltará algo, e em todos os lugares haverá alguém que se opõe a você."

3. "Portanto, não é o ganho ou a multiplicação desta, ou daquela coisa que te beneficia, mas sim desprezá-la e arrancá-la pela raiz do teu coração; o que não deves entender apenas como dinheiro e riquezas, mas também como o desejo de honra e louvor vão, coisas que passam com o mundo. O lugar de pouco serve se o espírito de devoção estiver ausente; nem a paz que se busca no exterior permanecerá por muito tempo se o estado de seu coração não tiver o verdadeiro alicerce, ou seja, se não permanecer em Mim. Você pode mudar, mas não pode melhorar a si; pois quando a ocasião surgir e aceitá-la, você encontrará aquilo de que fugiu e até mais."

UMA ORAÇÃO PELA PURIFICAÇÃO DO CORAÇÃO E PELA SABEDORIA CELESTIAL

4. Fortalece-me, ó Deus, pela graça do Teu Espírito Santo. Dá-me virtude para ser fortalecido com poder no homem interior, e para libertar meu coração de todos os cuidados e problemas infrutíferos, e de livrar meu coração de todo cuidado infrutífero e de toda perturbação, e que eu não seja arrastado por vários desejos atrás de quaisquer coisas, sejam elas de pouco ou de muito

valor, mas que eu possa considerar tudo como passageiro, e eu mesmo como passageiro com elas; "porque não há proveito debaixo do sol, e tudo é vaidade e aflição de espírito."[75] Oh, quão sábio é aquele que considera assim!

5. Dá-me, Senhor, sabedoria celestial para que eu aprenda a buscá-Lo acima de todas as coisas e a encontrá-Lo; a saboreá-Lo acima de todas as coisas e a amá-Lo; e a entender todas as outras coisas, assim como elas são, segundo a ordem de Sua sabedoria. Concede-me prudência para evitar o bajulador e paciência para suportar aquele que se opõe a mim; pois isso é grande sabedoria, não ser levado por todo vento de palavras, nem dar ouvidos à sereia lisonjeira e perversa; pois assim prosseguimos com segurança no caminho que começamos.

Capítulo XXVIII
Contra as línguas dos detratores

"Meu filho, não leve a sério o fato de alguém pensar mal de você e dizer o que você não quer ouvir. Você deve pensar pior de si e não acreditar em ninguém mais fraco do que você. Se você andar interiormente, não pesarão as palavras que voam acima de seu valor. Não é pouca prudência guardar silêncio em um tempo mau e voltar-se para Mim interiormente, sem se deixar perturbar pelo julgamento humano."

2. "Que sua paz não dependa da palavra dos homens; pois, quer julguem bem ou mal a seu respeito, você não é, portanto, outro homem além de si. Onde está a verdadeira paz ou a verdadeira glória? Não está em mim? E aquele que não visa agradar aos homens, nem teme desagradar, desfrutará de paz abundante. Do amor desordenado e do medo vão nasce toda inquietação do coração e toda distração dos sentidos."

Capítulo XXIX
Quando a tribulação chegar devemos invocar e bendizer a Deus

Bendito seja o Teu nome, Senhor, para todo o sempre, que quiseste que esta tentação e dificuldade viessem sobre mim. Não posso escapar dela, mas preciso fugir para Ti, para que me socorras e a transformes em bem para mim. Senhor, agora estou em tribulação e não estou bem em meu coração, mas estou muito irritado com o sofrimento que está sobre mim. E agora, ó

---
[75] Eclesiastes, 2:11.

Pai querido, que direi eu? Fui apanhado nas armadilhas. Salva-me desta hora, pois foi por isso que cheguei a este momento[76], para que Tu sejas glorificado quando eu for profundamente humilhado e for liberto por Ti. "Que seja do Teu agrado livrar-me"[77]; pois o que posso fazer eu sendo pobre, e sem Ti para aonde irei? Dá paciência também desta vez. Ajuda-me, Senhor meu Deus, e não temerei o quanto me pesa.

2. E agora, em meio a essas coisas, o que direi? Senhor, seja feita a Tua vontade. Eu merecia estar perturbado e oprimido. Portanto, devo suportar, se assim for, com paciência, até que a tempestade passe e o conforto retorne. Contudo, Teu braço onipotente também é capaz de afastar de mim essa tentação e diminuir seu poder, de modo que eu não caia totalmente sob ela, assim como muitas vezes já me ajudaste, ó Deus, meu Deus misericordioso. E por mais que essa libertação seja difícil para mim, tanto é fácil para Ti, ó, mão direita do Altíssimo.

Capítulo XXX
De buscar a ajuda divina e a confiança de obter a graça

"Meu Filho, eu, o Senhor, sou uma fortaleza no dia da angústia."[78] Vinde a Mim, quando não estiveres bem."

"O principal obstáculo à consolação celestial é o fato de você se dedicar à oração com demasiada lentidão. Pois, antes de buscar sinceramente a Mim, você primeiro procura muitos meios de conforto e se refresca em coisas externas; assim, todas as coisas de pouco lhe servem, até que você aprenda que sou Eu quem livra aqueles que confiam em Mim; além de Mim, não há socorro forte, nem conselho proveitoso, nem remédio duradouro. Mas agora, recobrando a coragem depois da tempestade, fortaleça-se na luz das Minhas misericórdias, pois estou perto, diz o Senhor, para restaurar todas as coisas, não só como eram no princípio, mas também abundantemente e umas sobre as outras."

2. "Pois, há algo muito difícil para mim, ou serei como aquele que diz e não faz? Onde está sua fé? Permaneça firme e com perseverança. Seja longânimo e forte. A consolação virá a você em seu devido tempo. Espere por Mim; sim, espere; Eu virei e o curarei. É a tentação que o atormenta e o medo vão que o aterroriza. O que lhe traz a preocupação com eventos futuros, a não ser

---

76 João, 12:27.

77 Salmos, 40:16.

78 Naum, 1:7.

tristeza sobre tristeza? "Basta ao dia o seu mal."[79] É vão e inútil perturbar-se ou exaltar-se com coisas futuras que talvez nunca venham a acontecer."

3. "Mas é da natureza do homem ser enganado por fantasias desse tipo, e é um sinal de uma mente que ainda é fraca ser tão facilmente desviada por sugestão do inimigo. Pois, ele não se importa se engana e ilude por meios verdadeiros ou falsos; se ele te derruba pelo amor do presente ou pelo medo do futuro. "Portanto, não se turbe o teu coração, nem se atemorize. Acredite em Mim e coloque sua confiança em Minha misericórdia."[80] Quando você se considera muito distante de Mim, muitas vezes estou mais próximo. Quando você considera que quase tudo está perdido, então muitas vezes a oportunidade de ganho é maior. Nem tudo está perdido quando algo vai contra os seus desejos. Você não deve julgar conforme o sentimento atual, nem aceitar ou ceder a qualquer tristeza que o acometa, como se toda esperança de escapar tivesse sido tirada."

4. "Não te julgues totalmente abandonado, ainda que por algum tempo Eu tenha te enviado alguma tribulação, ou mesmo retirado algum consolo querido; pois esse é o caminho para o Reino dos Céus. E, sem dúvida, é melhor para você e para todos os Meus outros servos que você seja provado pelas adversidades, do que ter todas as coisas como gostaria. Conheço seus pensamentos ocultos e sei que é muito necessário para a saúde de sua alma que, às vezes, você seja deixado sem prazer, para não ser elevado pela prosperidade e deseje agradar a si naquilo que não é. O que Eu dei, posso tirar e restaurar conforme a Minha boa vontade."

5. "Quando Eu der, isso é meu; quando Eu tirar, não tomei o que é teu; "pois toda boa dádiva e todo dom perfeito"[81] provém de Mim. Se Eu enviar sobre ti tristeza ou angústia, não te indignes, nem entristeças o teu coração; depressa posso reerguer-te e transformar em alegria toda carga. Mas Eu sou justo e muito digno de louvor, quando faço isso a você."

6. "Se bem considerardes e olhardes para isso com verdade, nunca devereis ficar tão tristemente abatidos devido à adversidade, mas sim regozijar-vos e dar graças, sim, considerar verdadeiramente como a maior alegria o fato de Eu vos afligir com dores e não vos poupar. "Assim como meu Pai me amou, Eu também amo vocês"[82]; assim falei aos Meus amados discípulos, aos quais enviei, não para as alegrias mundanas, mas para grandes lutas; não para as honras, mas para o desprezo; não para o descanso, mas para o trabalho; não

---

79 Mateus, 6:34.
80 João, 14:27; Salmos 13:5.
81 Tiago, 1:17.
82 João, 15:9.

para descansar, mas para que produzam muito fruto com paciência. Meu filho, lembre-se destas palavras."

Capítulo XXXI
Da negligência de toda criatura para que o Criador possa ser encontrado

Ó Senhor, ainda preciso de mais graça, se quiser chegar onde nenhum homem ou qualquer outra criatura possa me impedir. Pois, enquanto qualquer coisa me impedir, não poderei voar livremente para Ti. Ele desejava ardentemente voar assim, e clamou, dizendo: "Quem me dera ter asas como uma pomba, pois assim eu fugiria e ficaria em repouso". O que há de mais pacífico do que um simples olhar? E o que há de mais livre do que aquele que nada deseja sobre a terra? Portanto, o homem deve se elevar acima de toda criatura, abandonar a si e, com a mente abstraída, permanecer e contemplar que Tu, o Criador de todas as coisas, não tens entre Tuas criaturas nada semelhante a Ti mesmo. E a menos que o homem se liberte de todas as criaturas, ele não será capaz de alcançar livremente as coisas divinas. Portanto, são poucos os que se dedicam à contemplação, porque poucos sabem como se separar inteiramente das coisas perecíveis e criadas.

2. Para isso é necessária muita graça, que possa elevar a alma e elevá-la acima de si mesma. E a menos que um homem seja elevado no espírito e liberto de todas as criaturas, e totalmente unido a Deus, tudo o que ele conhece, tudo o que ele possui, pouco importa. Quem considera algo grande, a não ser o único incompreensível, eterno e bom, será pequeno e humilde por muito tempo. Porque tudo o que não é Deus nada é, e deve ser reputado como nada. Grande é a diferença entre um homem piedoso, iluminado pela sabedoria, e um erudito instruído no conhecimento e dado aos livros. Muito mais nobre é aquela doutrina que flui da plenitude divina acima, do que aquela que é adquirida laboriosamente pelo estudo humano.

3. Existem muitos que desejam a contemplação, mas não se esforçam para praticar as coisas que são exigidas para isso. Também é um grande impedimento o fato de que se faz muito uso de símbolos e sinais externos, e muito pouco de mortificação completa. Não sei como é, e por que espírito somos guiados, e o que nós, que seríamos considerados espirituais, almejamos, que dedicamos tanto trabalho e tão ansiosa solicitude por coisas transitórias e sem valor, e quase nunca reunimos nossos sentidos para pensar em nossa condição interior.

4. Ah, eu! Depois de nos lembrarmos um pouco, saímos correndo de casa e não submetemos nossas ações a um exame rigoroso. Não prestamos atenção em nossas afeições e não lamentamos por todas as coisas que nos pertencem

estarem tão contaminadas. Pois, pelo fato de toda a carne ter se corrompido na terra, veio o grande dilúvio. Como, portanto, nossas afeições mais íntimas são muito corruptas, segue-se necessariamente que nossas ações também são corruptas, sendo o índice de uma força interior deficiente. De um coração puro procede o fruto da boa vida.

5. Perguntamos o quanto um homem fez, mas a virtude com que ele agiu não é considerada de forma tão restrita. Perguntamos se ele é forte, rico, bonito, inteligente, se é um bom escritor, um bom cantor, um bom operário; mas o quanto ele pode ser pobre de espírito, paciente e gentil, devoto e meditativo, sobre essas coisas muitos se calam. A natureza olha para a aparência externa de um homem, a graça volta seu pensamento para o coração. A primeira frequentemente julga mal; a segunda confia em Deus, para não ser enganada.

Capítulo XXXII
Da abnegação e do abandono de todo egoísmo

"Meu filho, você não pode ter liberdade perfeita a menos que negue totalmente a si. Estão escravizados todos os que possuem riquezas, os que amam a si, os egoístas, os curiosos, os inquietos; os que sempre buscam as coisas suaves e não as coisas de Jesus Cristo; os que continuamente planejam e concebem o que não subsistirá. Pois, tudo o que não vem de Deus perecerá. Apegue-se à frase curta e completa: 'Renuncie a todas as coisas e você encontrará todas as coisas; renuncie à sua luxúria e você encontrará descanso'. Mantenha isso em sua mente e, quando estiver cheio disso, entenderá todas as coisas."

2. Ó Senhor, isto não é trabalho de um dia, nem brincadeira de criança; em verdade, neste breve ditado está contida toda a perfeição do religioso.

3. "Meu filho, você não deve se desviar nem se abater imediatamente por ouvir o caminho do perfeito. Pelo contrário, você deve ser provocado a atingir objetivos mais elevados e, no mínimo, almejar o desejo de alcançá-los. Oh, se fosse assim com você, e se você chegasse a esse ponto, que não fosse um amante de si, mas estivesse sempre pronto para o Meu aceno e para aquele que Eu coloquei sobre você como seu pai. Então, você Me agradaria muito e toda a sua vida transcorreria em alegria e paz. Você ainda tem muitas coisas às quais renunciar e, se não as entregar totalmente a Mim, não obterá o que procura. "Eu te aconselho a comprar de Mim ouro provado no fogo, para que

te enriqueças."[83] que é a sabedoria celestial, que despreza todas as coisas vis. Afaste de ti a sabedoria terrena e todo o prazer, quer comum aos homens, quer ao teu próprio."

4. "Eu te digo que você deve comprar coisas vis com aquelas que são caras e grandes na estima dos homens. Pois, maravilhosamente vil e pequena, e quase entregue ao esquecimento, aparece a verdadeira sabedoria celestial, que não pensa coisas elevadas de si, nem procura ser engrandecida na terra; muitos a honram com os lábios, mas no coração estão longe dela; é de fato a pérola preciosa que está escondida de muitos."

Capítulo XXXIII
Da instabilidade do coração e de direcionar o objetivo para Deus

"Meu filho, não confie em seu sentimento, pois o que é agora será rapidamente transformado em outra coisa. Enquanto viver, você está sujeito a mudanças, por mais que não queira; de modo que ora se encontra alegre, ora triste; ora em paz, ora inquieto; ora devoto, ora indiferente; ora estudioso, ora descuidado; ora triste, ora alegre. Mas o homem sábio é aquele que é verdadeiramente instruído em espírito, está acima dessas coisas mutáveis, atento não ao que possa sentir em si ou de que lado o vento pode soprar, mas para que toda a intenção de sua mente possa levá-lo ao devido e tão desejado fim. Pois, assim, ele será capaz de permanecer uno e inabalável, com o único olho do seu desejo firmemente fixado em Mim, em meio às múltiplas mudanças do mundo."

2. "Mas, quanto mais puro for o olho da intenção, tanto mais firme será o homem em seu caminho através das múltiplas tempestades. Mas em muitos os olhos da intenção pura se escurecem, pois, logo se fixam em qualquer coisa agradável que ocorra, e raramente se encontra alguém totalmente livre da mancha do egoísmo. "Assim, os judeus da antiguidade foram a Betânia, à casa de Marta e Maria, para verem não a Jesus, mas a Lázaro, que ele havia ressuscitado dos mortos."[84] Portanto, os olhos da intenção devem ser limpos, para que sejam únicos e corretos, e acima de todas as coisas que surgirem em seu caminho, sejam direcionados a mim."

---

83 Apocalipse, 3:18.
84 João, 12:9.

Capítulo XXXIV
Quem ama a Deus é doce acima de todas as coisas e em todas as coisas

Eis que Deus é meu e todas as coisas são minhas! O que quero mais e que coisa mais feliz posso desejar? Ó, mundo encantador e doce! "Isto é, para aquele que ama a Palavra, não o mundo, nem as coisas que há no mundo."[85] Meu Deus, meu tudo! Para quem entende, essa palavra é suficiente e repeti-la muitas vezes é agradável para quem a ama. Quando Tu estás presente, todas as coisas são agradáveis; quando estás ausente, todas as coisas são cansativas. Tu fazes o coração descansar, dá-lhe paz profunda e alegria festiva. Tu o fazes pensar corretamente em todos os assuntos e em todos os assuntos Te louvar; nada pode agradar por muito tempo sem Ti, mas se for agradável e de sabor doce, Tua graça deve estar lá e é Tua sabedoria que deve dar-lhe um sabor doce.

2. Para aquele que Te prova, o que pode ser desagradável? E para aquele que não Te prova, que há que o possa alegrar? Mas os sábios mundanos e os que se deleitam com a carne, esses falham em Tua sabedoria; pois na sabedoria do mundo se acha a mais completa vaidade, e a inclinação para a carne é a morte. Mas aqueles que Te seguem, desprezando as coisas mundanas e mortificando a carne, são considerados verdadeiramente sábios, porque são levados da vaidade para a verdade, da carne para o espírito. Eles provam que o Senhor é bom, e qualquer bem que encontrem nas criaturas, eles o consideram para o louvor do Criador. Diferente, sim, muito diferente é o gozo do Criador do gozo da Criatura, o gozo da eternidade e do tempo, da luz incriada e da luz refletida.

3. Ó, Luz eterna, que ultrapassa todas as luzes criadas, lance Teu raio do alto, que penetrará no mais profundo de meu coração. Dê pureza, alegria, clareza e vida ao meu espírito para que, com todos os seus poderes, ele possa se apegar a Ti com um arrebatamento que ultrapassa o entendimento do homem. Oh, quando chegará o tempo abençoado e ansiado em que Tu me satisfarás com Tua presença e serás para mim tudo em todos? Enquanto isso for adiado, minha alegria não será plena. Ainda assim, ah, eu! O velho homem vive em mim: ele ainda não está totalmente crucificado, ainda não está completamente morto; ele ainda cobiça ferozmente contra o espírito, trava guerras internas e não permite que o reino da alma esteja em paz.

4. Tu, porém, que dominas a fúria do mar e aquietas as suas ondas quando se levantam, levanta-Te e ajuda-me. "Dispersa os povos que se deleitam na

---
85 1 João, 2:15.

guerra."[86] Destrói-os com o Teu poder. Mostra, peço-Te, a Tua força, e seja glorificada a Tua destra, pois não tenho esperança, nem refúgio, senão em Ti, Senhor meu Deus.

Capítulo XXXV
Que não há segurança contra a tentação nesta vida

"Meu Filho, você nunca estará seguro nesta vida, mas sua armadura espiritual sempre será necessária para você enquanto você viver. Tu habitas entre os inimigos e és atacado pela mão direita e pela esquerda. Se, portanto, você não usar o escudo da paciência por todos os lados, não permanecerá ileso por muito tempo. Acima de tudo, se você não mantiver seu coração fixo em Mim com o firme propósito de suportar todas as coisas por Minha causa, você não será capaz de suportar a ferocidade do ataque, nem de alcançar a vitória dos abençoados. "Portanto, você deve lutar bravamente durante toda a sua vida e estender a mão forte contra as coisas que se opõem a você. Pois, ao vencedor é dado o maná escondido"[87], mas grande miséria está reservada ao preguiçoso."

2. "Se buscardes descanso nesta vida, como alcançareis o descanso eterno? Não te proponhas a alcançar muito descanso, mas muita paciência. Busque a verdadeira paz, não na terra, mas no céu, não no homem nem em qualquer coisa criada, mas somente em Deus. Pelo amor de Deus, você deve passar voluntariamente por todas as coisas, sejam trabalhos ou tristezas, tentações, vexações, angústias, necessidades, enfermidades, injúrias, contradições, repreensões, humilhações, confusões, correções, desprezos; essas coisas ajudam a virtude, essas coisas provam o erudito de Cristo; essas coisas moldam a coroa celestial. Eu lhe darei uma recompensa eterna por um trabalho curto, e glória infinita por uma vergonha passageira."

3. "Você acha que sempre terá consolações espirituais à sua vontade? Meus santos nunca tiveram tais consolações, mas, em vez disso, tiveram muitos sofrimentos, diversas tentações e pesadas desolações. Mas suportaram tudo com paciência e confiaram em Deus mais do que em si, "sabendo que as aflições deste tempo presente não são dignas de serem comparadas com a glória que em nós há de ser revelada."[88] Você teria imediatamente aquilo que muitos dificilmente alcançaram depois de muitas lágrimas e trabalho

---

86 Salmos, 68:30.

87 Apocalipse, 2:17.

88 Romanos, 8:18.

árduo? Espere pelo Senhor, abandone-se como um homem e seja forte; não desanime, nem se afaste de Mim, mas dedique constantemente seu corpo e sua alma à glória de Deus. "Eu o recompensarei abundantemente, estarei com você na angústia."[89]

Capítulo XXXVI
Contra julgamentos vãos dos homens

"Meu Filho, ancore tua alma firmemente em Deus e não tema o julgamento do homem, quando a consciência o declarar piedoso e inocente. É bom e abençoado sofrer assim; e nem será doloroso para o coração que é humilde e que confia em Deus mais do que em si. Muitos homens têm diversas opiniões e, portanto, pouca confiança deve ser depositada nelas. Além disso, é impossível agradar a todos. "Embora Paulo tenha se esforçado para agradar a todos os homens no Senhor, e para se tornar tudo para todos os homens"[90], ainda assim, "para ele era uma coisa muito pequena que ele fosse julgado pelo juízo dos homens."[91]

2. Ele trabalhou abundantemente, tanto quanto nele estava, para a edificação e salvação de outros; mas ele não podia evitar ser às vezes julgado e desprezado pelos homens. Portanto, ele entregou tudo a Deus, que tudo conhecia, e pela paciência e humildade se defendeu contra os que falam mal, ou pensadores tolos e falsos, e aqueles que o acusaram de acordo com sua vontade. No entanto, ocasionalmente respondia, para que o seu silêncio não se tornasse uma pedra de tropeço para aqueles que eram fracos.

3. "Quem é você, para que tenha medo de um homem que há de morrer? Hoje ele está e amanhã não se achará o seu lugar. Temei a Deus e não vos atemorizeis diante dos terrores dos homens. Que pode fazer alguém contra você, por palavras ou por obras? Ele prejudica mais a si do que a ti e não escapará do julgamento de Deus, seja ele quem for. Tenha Deus diante de seus olhos e não contenda com palavras irascíveis. E se por ora parecer que você está cedendo e sofrendo uma confusão que não merece, não se irrite com isso, nem diminua sua recompensa pela impaciência; antes, olhe para Mim no céu, pois Sou capaz de livrá-lo de toda confusão e dano e de retribuir a cada um segundo as suas obras."

---

89 Salmos, 91:15.

90 1 Coríntios, 9:22.

91 1 Coríntios, 4:3.

Capítulo XXXVII
De pura e total renúncia de si para obter a liberdade de coração

"Meu filho, perca-se e você Me encontrará. Permaneça imóvel, sem qualquer escolha ou pensamento em relação a si e você sempre será um vencedor. Pois, mais graça será acrescentada a você, assim que se resignar e enquanto não voltar para tomar a si novamente."

2. Ó Senhor, quantas vezes me resignarei e em que coisas me perderei?

3. "Sempre; a toda hora; no pouco e no muito. Não faço exceção, mas Quero que você seja encontrado nu em todas as coisas. De outra forma, como você pode ser Meu e Eu Teu, a menos que você esteja interior e exteriormente livre de toda vontade própria? Quanto mais cedo você fizer isso, melhor será para você; e quanto mais completa e sinceramente, mais você Me agradará e mais abundantemente será recompensado."

4. "Alguns resignam-se, mas com certas reservas, porque não confiam plenamente em Deus e, por isso, pensam que têm alguma providência a tomar para si. Alguns, a princípio, oferecem tudo; mas depois, pressionados pela tentação, voltam à própria sorte e, assim, não fazem progresso na virtude. Eles não alcançarão a verdadeira liberdade de um coração puro, nem a graça da Minha doce companhia, a menos que primeiro se resignem inteiramente e se ofereçam diariamente em sacrifício; sem isso, a união que produz frutos não subsiste nem subsistirá."

5. "Muitas vezes eu lhe disse e agora digo novamente: entregue-se, renuncie a si e você terá grande paz interior. Dê tudo por tudo; não exija nada, não peça nada em troca; permaneça simplesmente e sem hesitação em Mim, e você Me possuirá. Você terá liberdade de coração e a escuridão não o dominará. Por isso, esforce-se, ore por isso, anseie por isso, para que se liberte de toda posse de si e siga nua e cruamente Jesus, que foi despido por você; morra para si e viva eternamente para Mim. Então, todas as fantasias vãs desaparecerão, todas as perturbações malignas e preocupações supérfluas. Por isso, também o medo imoderado se afastará de você e o amor desordenado morrerá."

Capítulo XXXVIII
De um bom governo nas coisas externas e de recorrer a Deus nos perigos

"Meu Filho, para isso você deve esforçar-se diligentemente, para que em cada lugar e ação ou ocupação externa, você possa ser livre interiormente e tenha poder sobre si; e que todas as coisas estejam sob você, e não você sob elas; que você seja senhor e governante de suas ações, não um escravo ou mercenário, mas um hebreu livre e verdadeiro, entrando na sorte e na liberdade dos filhos de Deus, que estão acima do presente e olham para o eterno, que com o olho esquerdo contemplam as coisas transitórias e com o direito as celestiais; aos quais as coisas temporais não atraem para se apegarem, mas que atraem as coisas temporais para lhes prestarem bom serviço, assim como foram ordenadas por Deus para fazer e designadas pelo Mestre Operário, que não deixou nada em Sua criação sem objetivo e fim."

2. "E se, em qualquer ocasião da vida, não te detiveres nas aparências exteriores, nem julgares as coisas que se veem e ouvem pelo sentido carnal, mas logo, em todas as causas, entrares com Moisés no tabernáculo para pedir conselho a Deus, ouvirás uma resposta divina e sairás instruído a respeito de muitas coisas que são e que hão de ser. Pois, Moisés sempre recorreu ao tabernáculo para resolver todas as dúvidas e questionamentos; e recorreu à ajuda da oração para se livrar dos perigos e das más ações dos homens. Assim também você deve ir para a câmara secreta de seu coração e implorar sinceramente o auxílio divino. "Por essa razão, lemos que Josué e os filhos de Israel foram enganados pelos gibeonitas, que não pediram conselho à boca do Senhor"[92], mas, estando prontos demais para ouvir discursos justos, foram enganados por uma pretensa piedade."

Capítulo XXXIX
Que o homem não deve estar imerso em negócios

"Meu filho, sempre entregue sua causa a Mim; Eu resolverei corretamente no devido tempo. Espere que Eu a resolva, e então você a encontrará para seu proveito."

2. Ó Senhor, entrego todas as coisas a Ti com toda a liberdade, pois meu planejamento de pouco adianta. Oh, se eu não me preocupasse tanto com eventos futuros, mas pudesse me oferecer totalmente aos Teus prazeres sem demora.

3. "Meu filho, muitas vezes o homem se esforça veementemente por algo que deseja; mas, quando o obtém, começa a ter outra atitude, porque suas afeições a esse algo não são duradouras, mas, ao contrário, passam apressadamente de uma coisa para outra. Portanto, não é realmente uma coisa pequena, quando em coisas pequenas resistimos a nós mesmos."

---
92 Josué, 9:14.

4. O verdadeiro progresso do homem está na autonegação, e o homem que nega a si é livre e seguro. Mas o velho inimigo, opositor de todas as coisas boas, não cessa de tentar; antes, dia e noite, arma as suas ciladas malignas, se porventura for capaz de enredar os incautos. "Vigiai e orai, diz o Senhor, para que não entreis em tentação."[93]

Capítulo XL
O homem não tem bem algum em si e nada do que se gloriar

"Senhor, o que é o homem para que te lembres dele ou o filho do homem para que o visites?"[94] Que merece o homem, para que lhe conceda o Teu favor? Senhor, que motivo de queixa posso ter, se Tu me desamparas? Ou o que posso alegar com justiça, se Tu te recusas a ouvir minha petição? Em verdade, posso realmente pensar e dizer: Senhor, não sou nada, não tenho nada de bom em mim mesmo, mas fico aquém em todas as coisas e sempre tendo a nada. E a menos que eu seja ajudado por Ti e apoiado interiormente, eu me torno totalmente morno e negligente.

2. Mas tu, ó Senhor, és sempre o mesmo e permaneces para sempre, sempre bom, justo e santo; fazendo todas as coisas bem, com justiça e santidade, e dispondo tudo em Tua sabedoria. Mas eu, que estou mais disposto a avançar do que a retroceder, nunca permaneço em um só lugar, porque sete vezes mais mudanças passam por mim. No entanto, isso rapidamente se torna quando Te agrada e Tu estendes a Tua mão para me ajudar; porque somente Tu podes ajudar sem a ajuda do homem e podes fortalecer-me de tal forma que meu semblante não mais mudará, mas meu coração se voltará para Ti e descansará somente em Ti.

3. Portanto, se eu soubesse rejeitar todas as consolações humanas, seja por uma questão de ganhar devoção, seja por causa da necessidade pela qual fui compelido a buscar-Te, visto que não há homem que possa me consolar; então eu poderia confiar dignamente em Tua graça e me alegrar com o dom de uma nova consolação.

4. Graças a Ti, de quem tudo provem, sempre que me vai bem! Mas eu sou vaidade e nada aos Teus olhos, um homem inconstante e fraco. O que tenho então de que me gloriar ou por que anseio ser honrado? Não é em vão? Isso também é totalmente vão. Na verdade, a vanglória é uma praga maligna, a maior das vaidades, porque nos afasta da verdadeira glória e nos rouba

---

93 Mateus, 26:41.

94 Salmos, 8:4.

a graça celestial. Pois, enquanto o homem agrada a si, ele Te desagrada; enquanto ele fica boquiaberto com os louvores do homem, ele é privado das verdadeiras virtudes.

5. Mas a verdadeira glória e o santo regozijo consistem em gloriar-se em Ti e não em si; em regozijar-nos em Teu Nome, não em nossa própria virtude; em não ter prazer em nenhuma criatura, exceto por Tua causa. Que o Teu nome e não o meu, seja louvado; que Tua obra e não a minha, seja engrandecida; seja bendito o Teu santo Nome, mas a mim não seja dado nenhum louvor dos homens. Tu és a minha glória, Tu és a alegria do meu coração. "Em Ti me gloriarei e me alegrarei o dia todo, mas não me gloriarei em mim mesmo, a não ser nas minhas fraquezas."[95]

6. "Que os judeus busquem a honra que vem uns dos outros; mas pedirei a que vem somente de Deus."[96] Verdadeiramente, toda glória humana, toda honra temporal, toda exultação mundana, comparada com Tua glória eterna, é apenas vaidade e loucura. Ó Deus, minha Verdade e minha Misericórdia, Santíssima Trindade, somente a Ti seja dado todo louvor, honra, poder e glória para todo o sempre. Amém.

Capítulo XLI
Do desprezo por toda honra temporal

"Meu Filho, não te importes se vires outros honrados e exaltados, e a ti mesmo, desprezado e humilhado. Eleva o teu coração a Mim no céu, e então o desprezo dos homens na terra não o deixará triste."

2. Ó Senhor, estamos cegos e somos rapidamente seduzidos pela vaidade. Se eu olhar bem para dentro de mim mesmo, nenhuma criatura me fez mal algum e, portanto, não tenho do que me queixar diante de Ti. Mas, pelo fato de eu ter pecado muitas vezes e gravemente contra Ti, todas as criaturas justamente se armam contra mim. Portanto, a mim são devidos confusão e desprezo, mas a Ti louvor, honra e glória. E a menos que eu me disponha a isso, isto é, a estar disposto a que toda criatura me desprezo e me abandone, e que eu seja considerado totalmente como nada, não posso estar interiormente cheio de paz e força, nem espiritualmente iluminado, nem totalmente unido a Ti.

---

95 Coríntios, 12:5.
96 João, 5:44.

Capítulo XLII
A nossa paz não deve ser colocada nos homens

"Meu filho, se você confiar sua paz a qualquer pessoa por ter uma opinião elevada sobre ela e por estar familiarizado com ela, você ficará instável e enredado. Mas se você se apegar à Verdade sempre viva e permanente, a deserção ou morte de um amigo não o deixará triste. Em Mim deve subsistir o amor de seu amigo e, por Minha causa, todo mundo deve ser amado, seja quem for, que lhe pareça bom e lhe seja muito querido nesta vida. Sem Mim, a amizade não tem força ou resistência, nem é verdadeiro e puro o amor que Eu não uno. Você deveria estar tão morto para essas afeições de amigos amados, que, até onde em você reside, você preferiria estar sem qualquer companhia de homens. Quanto mais um homem se aproxima de Deus, mais ele se afasta de todo consolo terreno. Quanto mais fundo ele desce em si, e quanto mais vil ele parece aos seus próprios olhos, mais alto ele sobe em direção a Deus."

2. "Mas aquele que atribui a si algo de bom, impede que a graça de Deus chegue até ele, porque a graça do Espírito Santo sempre busca o coração humilde. Se você pudesse se tornar totalmente insignificante e se esvaziasse do amor de toda criatura, então seria Minha parte transbordar para você com grande graça. Quando você coloca seus olhos nas criaturas, a face do Criador se afasta de você. Aprenda em todas as coisas a vencer a si por amor a seu Criador, então você será capaz de alcançar o conhecimento divino. Por menor que seja uma coisa, se for amada e considerada de forma desordenada, ela nos impede de alcançar o bem maior e nos corrompe."

Capítulo XLIII
Contra o conhecimento vão e mundano

Meu filho, não se deixe levar pelas belas e sutis palavras dos homens. "Pois o reino de Deus não está em palavras, mas em poder".[97] Preste atenção às Minhas palavras, pois elas acendem o coração e iluminam a mente, trazem contrição e proporcionam muitos consolos. Nunca leia a palavra para parecer mais instruído ou sábio, mas estude para mortificar seus pecados, pois isso será muito mais proveitoso para você do que o conhecimento de muitas questões difíceis.

---
97 1 Coríntios, 4:20.

2. "Depois de ter lido e aprendido muitas coisas, você deve sempre voltar a um primeiro princípio. "Eu sou Aquele que ensina ao homem o conhecimento"[98], e dou aos bebês um conhecimento mais claro do que pode ser ensinado pelo homem. Aquele a quem Eu falar será rapidamente sábio e crescerá muito no espírito. Ai daqueles que indagam sobre muitas questões curiosas dos homens e pouco se importam com o caminho do Meu serviço. Chegará o tempo em que Cristo aparecerá, o Mestre dos mestres, o Senhor dos Anjos, para ouvir as lições de todos, ou seja, para examinar a consciência de cada um. "E então Ele esquadrinhará Jerusalém com velas"[99], "e as coisas ocultas das trevas"[100] serão reveladas, e as discussões de línguas serão silenciadas."

3. "Eu sou Aquele que, em um instante, eleva o espírito humilde para aprender mais raciocínios da Verdade Eterna do que se um homem tivesse estudado dez anos nas escolas. Eu ensino sem barulho de palavras, sem confusão de opiniões, sem luta por honras, sem choque de argumentos. Eu sou Aquele que ensina os homens a desprezar as coisas terrenas, a odiar as coisas presentes, a buscar as coisas celestiais, a desfrutar das coisas eternas, a fugir das honras, a suportar as ofensas, a colocar toda a esperança em Mim, a não desejar nada além de Mim e, acima de tudo, a Me amar ardentemente."

4. "Pois houve um que, amando-Me do fundo do coração, aprendeu coisas divinas e falou coisas maravilhosas; ele lucrou mais abandonando todas as coisas do que estudando sutilezas. Mas para alguns, falo coisas comuns, para outros, especiais; para alguns apareço suavemente em sinais e figuras, e a outros, revelo mistérios com muita luz. A voz dos livros é uma só, mas não informa a todos da mesma forma; porque Eu, interiormente, sou o Mestre da verdade, o Esquadrinhador do coração, o Discernidor dos pensamentos, o Movimentador das ações, distribuindo a cada homem, conforme julgo adequado."

Capítulo XLIV
De não nos preocuparmos com coisas exteriores

"Meu filho, em muitas coisas, convém que você seja ignorante e que se considere como um morto na terra e como alguém para quem o mundo inteiro está crucificado. Muitas coisas também devem ser ignoradas, e você deve pensar antes nas coisas que pertencem à sua paz. É mais proveitoso desviar os olhos das coisas que desagradam e deixar cada homem com sua

---

98 Salmos, 94:10.

99 Sofonias, 1:12.

100 1 Coríntios, 4:5.

própria opinião do que se entregar a discursos de discórdia. Se você estiver bem com Deus e tiver Seu julgamento em mente, você suportará facilmente ser conquistado."

2. Ó Senhor, a que viemos? Eis que uma perda temporal é lamentada; por um ganho insignificante, trabalhamos e nos apressamos; e a perda espiritual se transforma em esquecimento, e raramente a recuperamos. Pouco ou nada se procura, e o que é totalmente necessário é negligentemente deixado de lado; porque o homem inteiro se desvia para as coisas exteriores e, a menos que se recupere rapidamente nas coisas exteriores, ele se deita de bom grado.

Capítulo XLV
Que não devemos acreditar em todos e que estamos propensos a cair em nossas palavras

"Senhor, seja o meu socorro na angústia, pois vão é o socorro do homem."[101] Quantas vezes deixei de encontrar a fidelidade onde eu achava que a possuía. Quantas vezes a encontrei onde menos esperava. Portanto, vã é a esperança nos homens, mas a salvação dos justos, ó Deus, está em Ti. Bendito sejas, Senhor meu Deus, em todas as coisas que nos acontecem. Somos fracos e instáveis, somos rapidamente enganados e mudamos bastante.

2. Quem é o homem capaz de se manter tão cauteloso e circunspecto que às vezes não caia em alguma armadilha de perplexidade? Mas aquele que confia em Ti, ó Senhor, e Te busca com um coração sincero, não escorrega tão facilmente. E, se cair em alguma tribulação, por mais que esteja enredado, muito rapidamente será liberto por Ti, ou por Ti será consolado, porque Tu não abandonarás aquele que confia em Ti até o fim. É raro encontrar um amigo que continue fiel em todas as angústias de seu amigo. Tu, ó Senhor, só Tu és o mais fiel em todas as coisas e não há semelhante a Ti.

3. Oh, quão verdadeiramente sábia foi aquela alma santa que disse: "Minha mente está firmemente ligada e fundamentada em Cristo."[102] Se fosse assim comigo, o medo do homem não me tentaria tão facilmente, nem as flechas das palavras me moveriam. Quem é suficiente para prever todas as coisas, quem pode se precaver antecipadamente contra os males futuros? Se até mesmo as coisas que são previstas às vezes nos prejudicam, o que as coisas que não são previstas podem fazer, senão nos prejudicar gravemente? Mas por que não me provi melhor, miserável que sou? Por que, também, tenho dado tanta atenção aos outros? Mas nós somos homens e não somos mais do que

---

101 Salmos, 60:11.
102 Santa Ágata.

homens frágeis, embora muitos nos considerem anjos e nos chamem de anjos. Em quem confiarei, Senhor, em quem confiarei senão em Ti? Tu és a Verdade, e não enganas, nem podes ser enganado. "E, por outro lado, todo homem é mentiroso"[103], fraco, instável e frágil, especialmente em suas palavras, de modo que dificilmente se deve acreditar naquilo que parece certo à primeira vista.

4. Com que sabedoria você nos advertiu de antemão para tomarmos cuidado com os homens, "e que os inimigos de um homem são os de sua própria casa"[104], "e que não devemos acreditar se alguém nos disser Cristo aqui ou Cristo ali."[105] Fui ensinado por minha perda e, oh, que eu possa ser mais cuidadoso e não tolo por meio disso. "Seja cauteloso", diz alguém: "Seja cauteloso, guarde para si o que eu te digo". E enquanto eu me calo e acredito que isso está escondido comigo, ele mesmo não consegue se calar a respeito, mas imediatamente trai a mim e a si, e segue seu caminho. Proteja-me, ó Senhor, de homens tão maliciosos e imprudentes; não me deixe cair em suas mãos, nem jamais faça tais coisas. Ponha em minha boca uma palavra verdadeira e firme e afaste de mim a língua enganosa. O que eu não quero sofrer, devo, por todos os meios, ter cuidado para não fazer.

5. Oh, quão bom e pacificador é ficar em silêncio em relação aos outros, e não acreditar descuidadamente em todos os relatos, nem transmiti-los adiante; quão bom também é se abrir para poucos, procurar sempre ter a Ti como o observador do coração; não ser levado por todo vento de palavras, mas desejar que todas as coisas internas e externas sejam feitas conforme o bom prazer da Tua vontade! Quão seguro é para o preservador da graça celestial fugir da aprovação humana e não desejar as coisas que parecem ganhar admiração no exterior, mas seguir com toda a seriedade as coisas que trazem emenda de vida e fervor celestial! Quantos foram prejudicados pelo fato de suas virtudes serem conhecidas e elogiadas com muita pressa. Quão verdadeiramente proveitosa tem sido a graça preservada em silêncio nesta vida frágil, que, como nos é dito, é toda tentação e guerra.

Capítulo XLVI
De ter confiança em Deus quando palavras maldosas são lançadas contra nós

"Meu filho, fique firme e acredite em mim. Pois, o que são palavras senão palavras? Elas voam, mas não machucam nenhuma pedra. Se você é culpado,

---

103 Salmos, 66:11;

104 Romanos, 3:4.

105 Mateus, 24:23.

pense em como gostaria de se corrigir; se você não sabe nada contra si, considere que suportará isso de bom grado por amor a Deus. Não é suficiente que às vezes tenha que suportar palavras duras, pois ainda não é capaz de suportar golpes duros. E por que te vão ao coração tais coisas triviais, senão porque ainda és carnal e olhas para os homens mais do que convém? Porque, como teme ser desprezado, não está disposto a ser repreendido por suas faltas e busca vãos refúgios de desculpas."

2. "Mas olhe melhor para si e saberá que o mundo continua vivo em você e o vão amor de agradar aos homens. Pois quando você foge de ser humilhado e confundido por suas faltas, fica claro que você não é verdadeiramente humilde nem verdadeiramente morto para o mundo, e que o mundo não está crucificado para você. Mas ouça a Minha palavra e não se importará com dez mil palavras de homens. Eis que, ainda que se dissessem contra ti todas as coisas que a maior malícia pudesse inventar, que te custaria deixá-las de lado e não fazer delas caso algum, como de um argueiro? Poderia ela arrancar um só fio de cabelo de sua cabeça?"

3. "Mas aquele que não tem coração dentro de si e não tem Deus diante dos olhos, facilmente se comove com uma palavra de reprovação; mas quem confia em Mim e não procura seguir seu próprio julgamento, estará livre do temor dos homens. Pois, Eu sou o Juiz e o Discernidor de todos os segredos; Eu sei como a coisa foi feita; Eu conheço tanto o ofensor quanto o portador. De mim, saiu aquela palavra; com a minha permissão aconteceu isto, "para que os pensamentos de muitos corações sejam revelados."[106] Julgarei os culpados e os inocentes; mas de antemão quis julgar ambos por um julgamento secreto."

4. "O testemunho dos homens muitas vezes engana. Meu julgamento é verdadeiro; ele permanecerá e não será derrubado. Geralmente fica oculto, e somente a poucos, em certos casos, é revelado; contudo, nunca erra nem pode errar, embora não pareça correto aos olhos de homens tolos. A Mim, portanto, devem os homens recorrer em todo julgamento, e não devem se apoiar em sua opinião. "Porque ao justo não acontecerá nenhum mal"[107], seja qual for o que Deus lhe enviar. Mesmo que alguma acusação injusta seja feita contra ele, pouco se importará; e também não se exultará sobremaneira se, por meio de outros, for claramente justificado. Pois, ele considera que "Eu sou Aquele que prova os corações e as rédeas"[108], que não julga externamente e de acordo com a aparência humana; pois muitas vezes, aos Meus olhos, isso é considerado culpável o que, no julgamento dos homens, é considerado digno de louvor."

---

106 Lucas, 2:35.

107 Provérbios, 12:21.

108 Salmos, 7:9.

5. Ó Senhor Deus, ó Juiz, justo, forte e paciente, que conheces a fragilidade e pecaminosidade dos homens, seja minha força e toda minha confiança; pois a minha própria consciência não me basta. Tu sabes o que eu não sei; portanto, devo, sob toda repreensão, humilhar-me e suportá-la humildemente. Portanto, misericordiosamente, perdoe-me sempre que não fiz isso e conceda-me, da próxima vez, a graça de maior perseverança. Pois melhor é para mim Tua abundante piedade para alcançar Teu perdão, do que a justiça que acredito ter como defesa contra minha consciência, que está à espreita contra mim. "Embora eu não saiba nada contra mim mesmo, ainda assim não estou justificado por este meio"[109], porque, se Tua misericórdia fosse removida, "à Tua vista, nenhum homem vivo seria justificado."[110]

Capítulo XLVII
Que todos os problemas devem ser suportados em prol da vida eterna

"Meu filho, não deixe que os trabalhos que você empreendeu por Mim o abatam, nem que as tribulações o derrubem de forma alguma, mas deixe que minha promessa o fortaleça e o conforte em todos os eventos. Eu sou suficiente para recompensá-lo acima de toda medida e extensão. Não trabalhará por muito tempo aqui, nem será sempre sobrecarregado com tristezas. Espere ainda um pouco e verá o rápido fim de seus males. Chegará uma hora em que todo trabalho e confusão cessarão. Tudo o que passa com o tempo é pequeno e breve."

2. "Faça sinceramente o que você faz; trabalhe fielmente em Minha vinha; Eu serei sua recompensa. Escreva, leia, cante, chore, fique em silêncio, ore, enfrente as adversidades com coragem; a vida eterna é digna de todos esses conflitos, sim, e de outros maiores. "A paz virá em um dia que é conhecido pelo Senhor; que não será nem dia, nem noite"[111], mas luz eterna, clareza infinita, paz inabalável e descanso imperturbável. Não dirás então: "Quem me livrará do corpo desta morte?"[112] Nem clamarás: "Ai de mim, porque a minha estada é prolongada"[113], porque a morte será totalmente destruída e haverá salvação que nunca falhará, não haverá mais ansiedade, prazer feliz, sociedade doce e nobre."

---

109 1 Coríntios, 4:4.
110 Salmos, 143:2.
111 Zacarias, 14:7.
112 Romanos, 7:24.
113 Salmos, 119:5.

3. "Oh, se você visse as coroas imorredouras dos santos no céu, e com que grande glória eles agora se regozijam, os quais antes eram considerados por este mundo desprezíveis e como se fossem indignos da vida, na verdade, você se humilharia imediatamente até a terra e desejaria antes estar sujeito a todos do que ter autoridade sobre um só; nem tampouco desejaria os dias agradáveis desta vida, mas se alegraria mais em ser afligido por amor de Deus, e consideraria proveitoso ser considerado nada entre os homens."

4. "Oh, se essas coisas fossem doces ao seu gosto e o comovessem até o fundo do seu coração, como ousaria reclamar uma vez sequer? Não são todas as coisas penosas que devem ser suportadas por causa da vida eterna? Não é pouca coisa perder ou ganhar o Reino de Deus. Portanto, levante seu rosto para o céu. Eis que Eu e todos os Meus santos Comigo, que neste mundo tiveram um duro conflito, agora nos regozijamos, agora estamos consolados, agora estamos seguros, agora estamos em paz e permanecerão Comigo para sempre no Reino de meu Pai."

Capítulo XLVIII
Do dia da eternidade e dos limites desta vida

Ó mansão mais abençoada da Cidade que está acima! Ó dia mais claro da eternidade, que a noite não escurece, mas a Verdade Suprema sempre ilumina! Dia sempre alegre, sempre seguro e nunca mudando seu estado para aqueles que são contrários. Oh, quem dera que esse dia brilhasse e que todas essas coisas temporais chegassem ao fim. De fato, ele brilha sobre os santos, resplandecendo com um brilho sem fim, mas somente de longe e através de um vidro, sobre aqueles que são peregrinos na Terra.

2. Os cidadãos do céu sabem quão glorioso é aquele dia; os filhos exilados de Eva gemem, porque isso é amargo e cansativo. Os dias desta vida são poucos e maus, cheios de tristezas e angústias, em que o homem se contamina com muitos pecados, se enreda com muitas paixões, se prende com muitos temores, se cansa com muitos cuidados, se distrai com muitas perguntas, se enreda com muitas vaidades, se cerca de muitos erros, se desgasta com muitos trabalhos, se sobrecarrega com tentações, se enerva com os prazeres, se atormenta com a pobreza.

3. Oh, quando haverá um fim para esses males? Quando serei libertado da miserável escravidão de meus pecados? Quando me lembrarei, Senhor, somente de Ti? Quando me regozijarei plenamente em Ti? Quando estarei em verdadeira liberdade, sem qualquer impedimento, sem qualquer fardo na mente ou no corpo? Quando haverá paz sólida, paz inabalável e segura, paz interior e exterior, paz firme em todos os lados? Bendito Jesus, quando estarei de pé para contemplá-Lo? Quando contemplarei a glória do Teu reino? Quando Tu serás para mim tudo em tudo? Oh, quando estarei Contigo em Teu Reino, que preparaste desde a fundação do mundo para aqueles que Te amam? Estou desamparado, exilado em uma terra hostil, onde há guerras diárias e graves infortúnios.

4. Consolai o meu exílio, mitigai a minha tristeza, pois a Vós se dirige todo o meu desejo. Pois, tudo é para mim um fardo, tudo o que este mundo oferece como consolo. Anseio por desfrutar de Ti intimamente, mas não consigo alcançar isso. Anseio apegar-me às coisas celestiais, mas as coisas temporais e as paixões não mortificadas me pressionam. Em minha mente, eu gostaria de estar acima de todas as coisas, mas, em minha carne, sou involuntariamente compelido a estar abaixo delas. Assim, miserável homem que sou, luto contra mim e me torno penoso até para mim, enquanto o espírito procura estar acima e a carne abaixo.

5. Oh, como sofro interiormente, enquanto, com a mente, falo sobre coisas celestiais, e logo uma multidão de coisas carnais se precipita sobre mim enquanto oro. Meu Deus, não te afastes de mim, nem te apartes com ira do teu servo. "Lança Teus raios e dispersa-os; envia Tuas flechas"[114], e que todas as ilusões de meu inimigo sejam confundidas. Volta meus sentidos para Ti, faze com que eu me esqueça de todas as coisas mundanas; faze com que eu rapidamente rejeite e despreze as imaginações do pecado. Socorrei-me, ó Verdade Eterna, para que nenhuma vaidade possa me mover. Vinde a mim, ó doçura celestial, e deixai que toda impureza fuja de diante de Vossa face. Perdoa-me também e, por Tua misericórdia, trata-me com delicadeza, sempre que, na oração, eu pensar em qualquer outra coisa além de Ti, pois confesso que costumo estar sempre distraído. Pois, muitas vezes, onde quer que eu esteja ou me sente no corpo, não é ali que estou, mas sim onde sou levado por meus pensamentos. Onde meu pensamento está, lá estou eu; e geralmente meu pensamento está onde está aquilo que amo. Aquilo que me ocorre prontamente, que naturalmente me agrada, ou que me agrada por costume.

6. Portanto, Tu, que és a Verdade, disseste claramente: "Onde estiver o teu tesouro, aí estará também o teu coração."[115] Se eu amo o céu, medito alegremente nas coisas celestiais. Se amo o mundo, regozijo-me com as delícias do mundo e lamento as suas adversidades. Se amo a carne, estou sempre imaginando as coisas que pertencem à carne; se amo o espírito, fico encantado em meditar nas coisas espirituais. Pois, quaisquer que sejam as coisas que amo, sobre elas prontamente converso e ouço, e levo para casa as imagens delas. Mas bem-aventurado é o homem que, por amor a Ti, ó Senhor, está disposto a se separar de todas as criaturas; que faz violência à sua

---

114 Salmos, 144:6.
115 Mateus, 6:21.

natureza carnal e crucifica os desejos da carne pelo fervor de seu espírito, de modo que, com consciência serena, ele possa oferecer a Ti uma oração pura e ser digno de entrar nos coros angelicais, tendo afastado de si, tanto externa quanto internamente, todas as coisas mundanas.

Capítulo XLIX
Sobre o desejo de alcançar a vida eterna e como grandes bênçãos são prometidas àqueles que se esforçam

"Meu Filho, quando você sentir o desejo de que a felicidade eterna seja derramada em você do alto e desejar partir do tabernáculo deste corpo, para que possa contemplar Minha glória sem sombra de dúvida, amplie seu coração e receba essa santa inspiração com todo o seu desejo. Agradeça sinceramente à Suprema Bondade, que o trata tão graciosamente, visita-o com tanto amor, estimula-o com tanto fervor, eleva-o com tanta força, para que não se afunde em seu próprio peso nas coisas terrenas. Pois, não é por sua própria meditação ou esforço que você recebe essa dádiva, mas pela única e graciosa condescendência da Graça Suprema e da consideração Divina; para que você possa progredir em virtude e em mais humildade, preparar-se para conflitos futuros, apegar-se a Mim com todo o afeto de seu coração e esforçar-se para servir-Me com fervorosa vontade."

2. "Meu Filho, muitas vezes o fogo arde, mas a chama não sobe sem fumaça. Assim também os desejos de alguns homens ardem em direção às coisas celestiais, e ainda assim não estão livres da tentação da afeição carnal. Portanto, eles não estão agindo com um desejo totalmente simples pela glória de Deus quando oram a Ele tão fervorosamente. Esse também é, muitas vezes, o seu desejo, quando você imagina que seja tão sincero. Pois, não é puro e perfeito o que está contaminado por seu próprio egoísmo."

3. "Não procures o que é agradável e vantajoso para ti, mas o que é aceitável e honroso para Mim; pois se julgas corretamente, deves escolher e seguir a Minha indicação em vez de teu próprio desejo; sim, em vez de qualquer coisa que possa ser desejada. Conheço seu desejo e ouvi seus muitos gemidos. Você já deseja estar na gloriosa liberdade dos filhos de Deus; o lar eterno já o encanta e a pátria celestial o enche de alegria; mas a hora ainda não chegou; ainda resta outra estação, uma estação de guerra, uma estação de trabalho e provação. Você deseja ser preenchido com o Bem Supremo, mas não pode alcançá-lo imediatamente. EU SOU esse Bem; espere por Mim até que venha o Reino de Deus."

4. "Você ainda precisa ser provado na Terra e exercitado em muitas coisas. De tempos em tempos lhe será dado consolo, mas não lhe será concedida

satisfação abundante. Portanto, seja forte e corajoso, tanto no trabalho quanto no sofrimento de coisas que são contra sua natureza. Você precisa se revestir do novo homem e ser transformado em outro homem. Muitas vezes, você deve fazer o que não gostaria de fazer; e deve deixar de fazer o que gostaria de fazer. O que agrada aos outros terá bom sucesso, o que agrada a você não terá prosperidade. O que os outros disserem será ouvido; o que você disser não receberá atenção. Outros pedirão e receberão; você pedirá e não obterá. Outros serão grandes na fama dos homens, mas de ti nada se falará. A outros se confiará isto ou aquilo; tu serás julgado útil para nada."

5. "Por essa razão, a natureza às vezes se encherá de tristeza; e é muito bom se você a suportar em silêncio. Por esta e por muitas outras coisas semelhantes, o fiel servo do Senhor costuma ser provado quanto à sua capacidade de negar-se a si e sujeitar-se em todas as coisas. Dificilmente há algo em que você precise se mortificar tanto quanto em ver coisas que são adversas à sua vontade; especialmente quando lhe é ordenado fazer coisas que lhe parecem inconvenientes ou de pouca utilidade para você. E como você não ousa resistir a um poder superior, estando sob autoridade, parece-lhe difícil moldar seu curso conforme o aceno de outro e renunciar à sua própria opinião."

6. "Mas considere, Meu Filho, o fruto desses trabalhos, o rápido fim e a recompensa extremamente grande; e você não achará que é uma dor suportá-los, mas sim o mais forte consolo de sua paciência. Pois, mesmo em troca desse desejo insignificante que prontamente abandonou, sempre terá sua vontade no Céu. Lá, em verdade, você encontrará tudo o que deseja, tudo o que almeja. Lá você terá todo o bem ao seu alcance, sem medo de perdê-lo. Lá, sua vontade, sempre em harmonia com a Minha, não desejará nada externo, nada para si mesma. Lá, nenhum homem o resistirá, ninguém se queixará de você, ninguém o impedirá, nada se interporá em seu caminho; mas todas as coisas desejadas por você estarão presentes juntas e refrescarão toda a sua afeição, enchendo-a até a borda. Lá eu me gloriarei pelo desprezo sofrido aqui, a vestimenta de louvor pela tristeza e, pelo lugar mais baixo, um trono no Reino, para sempre. Lá aparecerá o fruto da obediência, o trabalho do arrependimento se regozijará, e a humilde sujeição será coroada gloriosamente."

7. "Agora, pois, inclina-te humildemente sob as mãos de todos os homens; não te incomodes com quem disse isto ou com quem ordenou aquilo; mas tem especial cuidado com o fato de que, se o teu superior, o teu inferior ou o teu igual te pedirem alguma coisa, ou mesmo mostrarem desejo por ela, aceita tudo de boa vontade e estuda com boa vontade para satisfazer o desejo. Que um busque isso, outro aquilo; que este homem se glorie nisso, e aquele, naquilo, e seja elogiado milhares de vezes, mas alegre-se apenas no desprezo de si e em Meu próprio prazer e glória. "É isso que você deve desejar, que, seja pela vida ou pela morte, Deus seja sempre engrandecido em você."[116]

---

116 Filipenses, 1:20.

Capítulo L
Como um homem desolado deve entregar-se nas mãos de Deus

Ó Senhor, Santo Pai, sede bendito agora e sempre, porque assim como Vós quereis, assim será feito, e o que fazeis é bom. Que o Teu servo se regozije em Ti, não em si, nem em qualquer outro, porque só Tu és a verdadeira alegria, Tu és a minha esperança e a minha coroa, Tu és a minha alegria e a minha honra, Senhor. Que tem o Teu servo, que não tenha recebido de Ti, mesmo sem mérito próprio? Tuas são todas as coisas que deste e que fizeste. "Sou pobre e miserável desde a minha mocidade,"[117] e minha alma está triste até as lágrimas, às vezes também fica inquieta dentro de si, por causa dos sofrimentos que lhe sobrévêm.

2. Anseio pela alegria da paz; pela paz de Teus filhos, imploro, pois, à luz de Teu conforto eles são alimentados por Ti. Se Tu deres a paz, se Tu derramares em mim, santa alegria, a alma de Teu servo será cheia de melodia e devota em Teu louvor. Mas se Tu te retirares como muitas vezes fazes, ele não será capaz de correr no caminho dos Teus mandamentos, mas antes baterá no peito e dobrará os joelhos; porque não é com ele como ontem e anteontem, "quando Tua vela brilhou sobre sua cabeça,"[118] "e ele andava sob a sombra de Tuas asas,"[119] das tentações que o cercavam.

3. Ó Pai, justo e sempre louvado, chega a hora em que Teu servo será provado. Ó amado Pai, é bom que nesta hora Teu servo sofra um pouco por Tua causa. Ó Pai, para ser sempre adorado, à medida que chega a hora que Tu previste desde a eternidade, quando por um pouco de tempo Teu servo se curvará exteriormente, mas sempre viverá interiormente Contigo; quando por um tempo ele deveria ser pouco considerado, humilhado e falhar aos olhos dos homens; deveria ser desperdiçado com sofrimentos e fraquezas, para ressuscitar Contigo no alvorecer da nova luz, e ser glorificado nos lugares celestiais. Ó Santo Pai, assim o ordenaste e assim o desejaste; e será feito o que Tu mesmo ordenaste.

4. Pois, este é o Teu favor para com o Teu amigo, que ele sofra e seja perturbado no mundo por causa do Teu amor, quantas vezes for, e por quem quer que seja e por quem, quer que Tu tenhas permitido que isso aconteça. Sem Teu conselho e Tua providência, e sem causa, nada acontece na Terra. "É bom para mim, Senhor, que eu tenha passado por dificuldades, para

---

117 Salmos, 88:15.

118 Jó, 29:3.

119 Salmos, 17:8.

que eu aprenda os Teus estatutos"[120], e possa abandonar todo orgulho de coração e presunção. É proveitoso para mim que a confusão tenha coberto meu rosto, para que eu busque consolo em Ti e não nos homens. Por isso também aprendi a temer o Teu juízo insondável, que aflige o justo com o ímpio, mas não sem equidade e justiça.

5. Graças a Ti, porque não poupaste meus pecados, mas me espancaste com açoites de amor, infligindo dores e enviando problemas sobre mim por fora e por dentro. Não há ninguém que possa me consolar de todas as coisas que estão debaixo do céu, mas somente Tu, "ó Senhor meu Deus, Médico celestial das almas, que flagelas e tens misericórdia, que conduzes ao inferno e ressuscitas."[121] Tua disciplina sobre mim e Tua vara me ensinará.

6. Eis que, ó Pai amado, estou em Tuas mãos, curvo-me sob a vara de Tua correção. Fere as minhas costas e o meu pescoço, para que eu possa curvar a minha torpeza à Tua vontade. Faze de mim um discípulo piedoso e humilde, como Tu costumavas ser bondoso, para que eu possa andar de acordo com cada um de Teus acenos. A Ti eu me entrego e tudo o que tenho para ser corrigido; é melhor ser punido aqui do que no futuro. Tu conheces todas as coisas e cada uma delas e nada fica escondido de Ti na consciência do homem. Antes que elas existam, Tu sabes que elas existirão e não precisas que ninguém Te ensine ou Te admoeste a respeito das coisas que são feitas na Terra. Vós sabeis o que é conveniente para meu proveito e o quanto os problemas servem para limpar a ferrugem do pecado. Faze comigo o que for de Teu agrado e não desprezes minha vida, que está cheia de pecados, que ninguém conhece tão completa e plenamente quanto Tu.

7. Concede-me, Senhor, conhecer o que deve ser conhecido; amar o que deve ser amado; louvar o que mais Te agrada, estimar o que é precioso aos Teus olhos, censurar o que é vil aos Teus olhos. Não me deixes julgar segundo a vista dos olhos corpóreos, nem dar sentença segundo a audição dos ouvidos de homens ignorantes, mas discernir com verdadeiro juízo entre as coisas visíveis e as espirituais e, acima de tudo, buscar sempre a vontade da Tua boa vontade.

8. Muitas vezes os sentidos dos homens se enganam ao julgar; os amantes do mundo também se enganam, pois, amam apenas as coisas visíveis. O que é um homem melhor pelo fato de ser considerado muito grande por outro homem? O enganador engana o enganador, o vaidoso, o vaidoso, o cego, o cego, o fraco, o fraco, quando se exaltam uns aos outros; e, na verdade, eles se envergonham mais, enquanto louvam insensatamente. Pois, como diz o humilde São Francisco: "O que cada um é aos Teus olhos, tanto é, e nada mais".

---

120 Salmos, 119:71.

121 Jó, 13:2.

Capítulo LI
Que devemos nos dedicar às obras humildes quando não somos iguais aos que são elevados

"Meu filho, você nem sempre é capaz de continuar em um desejo muito fervoroso pelas virtudes, nem de permanecer firme na região mais elevada da contemplação; mas, por necessidade, às vezes você precisa descer a coisas inferiores por causa de sua corrupção original e carregar o fardo da vida corruptível, embora de má vontade e com cansaço. Enquanto tiver um corpo mortal, você sentirá cansaço e peso no coração. Portanto, você deve gemer frequentemente na carne por causa do fardo da carne, já que não pode se dedicar incessantemente aos estudos espirituais e à contemplação divina."

2. "Em tal momento, é conveniente que você fuja para obras humildes e externas e se renove com boas ações; que aguarde Minha vinda e a visitação celestial com confiança segura; que suporte seu exílio e seca mental com paciência, até que seja visitado por Mim novamente e se livre de todas as ansiedades. Pois, farei com que se esqueça de seus labores e desfrute da paz eterna. Abrirei diante de você os pastos agradáveis das Escrituras, para que, com o coração dilatado, você comece a correr no caminho dos Meus mandamentos. E você dirá: 'Os sofrimentos deste tempo presente não são dignos de serem comparados com a glória que será revelada em nós.'"[122]

Capítulo LII
O homem não deve considerar-se digno de consolação, mas mais digno de castigo

Ó Senhor, não sou digno da Tua consolação, nem de qualquer visitação espiritual; por isso Tu és justo comigo, quando me deixas pobre e desolado. Pois, se eu pudesse derramar lágrimas como o mar, ainda assim não seria digno de Tua consolação. Portanto, não sou digno senão de ser açoitado e castigado, porque muitas vezes Te ofendi gravemente e em muitas coisas pequei grandemente. Portanto, se levarmos em conta a verdade, não sou digno nem mesmo da menor das Tuas consolações. "Mas Tu, ó Deus clemente e misericordioso, que não queres que as Tuas obras pereçam, para mostrar as riquezas da Tua misericórdia nos vasos de misericórdia"[123], te encarregaste de consolar o Teu servo mais do

---

122 Romanos, 8:18.

123 Romanos, 9:23.

que ele merece, acima da medida da humanidade. Porque as Tuas consolações não são como os discursos dos homens.

2. O que fiz, Senhor, para que Tu me concedas algum conforto celestial? Não me lembro de ter feito nada de bom, mas tenho sido sempre propenso ao pecado e lento para me corrigir. Isso é verdade e não posso negar. Se eu dissesse o contrário, o Senhor se levantaria contra mim e não haveria ninguém para me defender. O que mereci por meus pecados senão o inferno e o fogo eterno? Na verdade, confesso que sou digno de todo desprezo e desdém, e não é adequado que eu seja lembrado entre Teus servos fiéis. E embora eu não esteja disposto a ouvir isso, ainda assim, por amor à Verdade, acusarei a mim mesmo de meus pecados, para que mais prontamente eu possa prevalecer e ser considerado digno de Tua misericórdia.

3. O que devo dizer, culpado que sou e cheio de confusão? Não tenho boca para falar, a menos que seja apenas esta palavra: "Pequei, Senhor, pequei; tem misericórdia de mim, perdoa-me". "Deixe-me em paz, para que eu possa me consolar um pouco antes de ir para onde não voltarei, nem mesmo para a terra das trevas e da sombra da morte."[124] O que Tu tanto exiges de um pecador culpado e miserável, como que ele seja contrito e se humilhe por seus pecados? Na verdadeira contrição e humilhação de coração é gerada a esperança de perdão, a consciência perturbada é reconciliada, a graça perdida é recuperada, o homem é preservado da ira vindoura, "Deus e a alma penitente se apressam a se encontrar com um beijo santo."[125]

4. A humilde contrição dos pecadores é um sacrifício aceitável a Ti, ó Senhor, que emite um cheiro muito mais doce aos Teus olhos do que o incenso. Esse também é o agradável unguento que Tu queres derramar sobre Teus pés sagrados, "pois nunca desprezaste um coração quebrantado e contrito."[126] Ali está o lugar de refúgio contra o semblante irado do inimigo. Ali é corrigido e lavado todo mal que tenha sido contraído em outro lugar.

Capítulo LIII
Que a Graça de Deus não se une àqueles que se preocupam com as coisas terrenas

"Meu Filho, preciosa é a Minha graça, ela não se deixa unir com coisas exteriores, nem a consolações terrenas. Portanto, você deve rejeitar todas as coisas que impedem a graça, se deseja receber o seu derramamento. Procure

---

124 Jó, 10:20-21.
125 Lucas, 15:20.
126 Salmos, 51:17.

um lugar secreto para você, ame ficar sozinho consigo, não deseje a conversa de ninguém; mas antes derrame sua oração devota a Deus, para que você possua uma mente contrita e uma consciência pura. Considere o mundo inteiro como nada; procure estar a sós com Deus antes de todas as coisas exteriores. Pois, você não pode ficar sozinho Comigo e, ao mesmo tempo, se deliciar com coisas transitórias. Você deve se separar de seus conhecidos e amigos queridos e manter sua mente livre de todo conforto mundano. Assim, o bem-aventurado Apóstolo Pedro suplica que os fiéis de Cristo se comportem neste mundo como "estrangeiros e peregrinos."[127]

2. "Oh, quão grande confiança haverá para o moribundo, a quem nenhuma afeição por coisa alguma detém no mundo? Mas ter um coração tão separado de todas as coisas, uma alma doente ainda não compreende, nem o homem carnal conhece a liberdade do homem espiritual. Mas se, de fato, ele deseja ter uma mente espiritual, deve renunciar tanto aos que estão longe quanto aos que estão perto, e não ter cuidado com ninguém mais do que consigo. Se você vencer perfeitamente a si, muito facilmente subjugará todas as outras coisas. A vitória perfeita é o triunfo sobre si. Pois, aquele que se mantém em sujeição, de tal modo que as afeições sensuais obedeçam à razão, e a razão em todas as coisas Me obedeça, esse é verdadeiramente vencedor de si e senhor do mundo."

3. "Se você deseja subir a essa altura, deve começar corajosamente e colocar o machado na raiz, para poder arrancar e destruir a inclinação desordenada oculta para si e para todo bem egoísta e terreno. Desse pecado, que é o fato de o homem amar a si excessivamente de forma desordenada, depende quase tudo o que precisa ser totalmente superado: quando esse mal for vencido e pisoteado, haverá grande paz e tranquilidade continuamente. Mas, como poucos se esforçam sinceramente para morrer perfeitamente para si e não saem de si de coração, permanecem presos em si e não podem ser elevados em espírito acima de si. Mas aquele que deseja andar livremente Comigo deve necessariamente mortificar todas as suas afeições más e desordenadas, e não deve se apegar a nenhuma criatura com amor egoísta."

Capítulo LIV
Dos diversos movimentos da Natureza e da Graça

"Meu Filho, preste muita atenção aos movimentos da Natureza e da Graça, porque eles se movem de maneira muito contrária e sutil, e dificilmente são distinguidos, a não ser por um homem espiritual e interiormente iluminado. Todos os homens realmente buscam o bem e fingem algo de bom em tudo o que dizem ou fazem; e assim, sob a aparência do bem, muitos são enganados."

---

127 1 Pedro, 2:11.

2. "A natureza é enganosa e atrai, enreda e engana a muitos, e sempre tem o ego como seu fim; mas a Graça anda com simplicidade e se afasta de toda aparência do mal, não faz falsas pretensões e faz tudo inteiramente por causa de Deus, em quem repousa e finalmente descansa."

3. "A natureza não está muito disposta a morrer, a ser pressionada, a ser vencida, a estar sujeita e a suportar o jugo prontamente; mas a graça estuda a automortificação, resiste à sensualidade, busca ser subjugada, anseia por ser conquistada e não quer usar sua própria liberdade. Ela gosta de ser disciplinada e não tem autoridade sobre ninguém, mas sempre vive, permanece e está debaixo de Deus e, por amor a Deus, está pronta para se sujeitar humildemente a toda ordenança do homem."

4. "A natureza trabalha para seu próprio benefício e considera o lucro que pode obter de outrem; mas a Graça considera mais, não o que pode ser útil e conveniente para si, mas o que pode ser lucrativo para muitos."

5. "A natureza recebe de boa vontade honra e reverência; mas a Graça atribui fielmente toda honra e glória a Deus."

6. "A natureza teme a confusão e o desprezo, mas a Graça se alegra em sofrer vergonha pelo nome de Jesus."

7. "A natureza ama a facilidade e o sossego do corpo. A Graça não pode estar desempregada, mas abraça de bom grado o trabalho."

8. "A natureza procura possuir coisas curiosas e atraentes, e abomina aquelas que são rústicas e baratas; a Graça se deleita com as coisas simples e humildes, não despreza as que são ásperas, nem se recusa a vestir roupas velhas."

9. "A natureza tem em vista as coisas temporais, regozija-se com o lucro terreno, entristece-se com a perda, irrita-se com qualquer palavra injuriosa; mas a Graça busca as coisas eternas, não se apega às coisas temporais, não se perturba com a perda, nem se perturba com qualquer palavra dura, porque colocou seu tesouro e alegria no céu, onde nada perece."

10. "A natureza é cobiçosa e recebe com mais prazer do que dá, ama as coisas que são pessoais e particulares para si; enquanto a Graça é bondosa e generosa, evita o egoísmo, contenta-se com pouco, acredita que é mais abençoado dar do que receber."

11. "A natureza o inclina às coisas criadas, à sua própria carne, às vaidades e à dissipação; mas a Graça o atrai para Deus e para as virtudes, renuncia às criaturas, foge do mundo, odeia os desejos da carne, restringe os caprichos, evita ser visto em público."

12. "A natureza se alegra em receber algum consolo externo no qual os sentidos possam se deleitar; mas a Graça busca ser consolada somente em Deus e se deleitar no bem principal acima de todas as coisas visíveis."

13. "A natureza faz tudo para seu próprio ganho e lucro, não pode fazer nada como um favor gratuito, mas espera alcançar algo tão bom, ou melhor, ou algum elogio, ou favor em seus benefícios; e ela ama que seus próprios atos e dons sejam altamente valorizados; mas a Graça não busca nada temporal, nem requer qualquer outro dom de recompensa que não seja somente Deus; nem anseia por mais necessidades temporais do que aquelas que podem ser suficientes para a obtenção da vida eterna."

14. "A natureza se regozija com muitos amigos e parentes, ela se vangloria de um lugar nobre e de um nascimento nobre, ela sorri para os poderosos, bajula os ricos, aplaude aqueles que são como ela; mas a Graça ama até mesmo seus inimigos e não se envaidece com a multidão de amigos, não dá importância a lugares altos ou nascimentos elevados, a menos que haja maior virtude neles; favorece o pobre mais do que o rico, simpatiza mais com o inocente do que com o poderoso; alegra-se com o verdadeiro, não com o mentiroso; sempre exorta os bons a se esforçarem para obter melhores dons da graça e a se tornarem, pela santidade, semelhantes ao Filho de Deus."

15. "A natureza logo se queixa da pobreza e da angústia; a Graça suporta as necessidades com constância."

16. "A natureza vê todas as coisas em relação a si; luta e argumenta em favor de si; mas a graça traz todas as coisas de volta a Deus, de quem vieram no princípio; não atribui nenhum bem a si nem presume arrogantemente; não é contenciosa nem prefere sua própria opinião à dos outros, mas em todos os sentidos e entendimentos submete-se à sabedoria eterna e ao julgamento divino."

17. "A natureza está ansiosa para conhecer segredos e ouvir coisas novas; ela adora aparecer no exterior e experimentar muitas coisas por meio dos sentidos; ela deseja ser reconhecida e fazer as coisas que conquistam louvor e admiração; mas a Graça não se preocupa em reunir coisas novas ou curiosas, porque tudo isso brota da velha corrupção, enquanto não há nada novo ou duradouro na Terra. Assim, ela ensina a refrear os sentidos, a evitar a vã complacência e a ostentação, a esconder humildemente as coisas que merecem louvor e verdadeira admiração e, de tudo e em todo conhecimento, a buscar frutos úteis: o louvor e a honra de Deus. Ela não deseja receber elogios para si ou para os seus, mas anseia que Deus seja abençoado em todos os Seus dons, que, por amor incondicional, concede todas as coisas."

18. Essa Graça é uma luz sobrenatural, um dom especial de Deus, a marca própria dos eleitos e o penhor da salvação eterna; ela exalta o homem das coisas terrenas para amar as celestiais e torna espiritual o homem carnal. Portanto, na medida em que a Natureza é totalmente pressionada e vencida, maior é a Graça concedida e o homem interior é diariamente criado de novo por novas visitações, segundo a imagem de Deus.

Capítulo LV
Sobre a corrupção da Natureza e a eficácia da Graça Divina

Ó Senhor meu Deus, que me criaste à tua imagem e semelhança, concede-me esta graça que mostraste ser tão grande e tão necessária para a salvação, para que eu possa vencer a minha natureza perversa, que me leva ao pecado e para a perdição. Pois, sinto em minha carne a lei do pecado, contradizendo a lei da minha mente e me levando cativo à obediência da sensualidade em muitas coisas; nem posso resistir a suas paixões, a menos que Tua santíssima Graça me ajude, fervorosamente derramada em meu coração.

2. Há necessidade de Tua Graça, sim, e de uma grande medida dela, para que minha natureza possa ser vencida, que sempre foi propensa ao mal desde minha juventude. Por ter sido decaída por meio do primeiro homem, Adão, e corrompida pelo pecado, a punição dessa mancha recaiu sobre todos os homens; de modo que a própria natureza, que foi criada boa e correta por Ti, agora é usada para expressar o vício e a enfermidade da natureza corrompida; porque seu movimento deixado em si atrai os homens para o mal e para as coisas inferiores. Pois, o pouco poder que resta é como se fosse uma centelha escondida nas cinzas. Esta é a própria razão natural, envolta em densas nuvens, tendo ainda um discernimento do bem e do mal, uma distinção do verdadeiro e do falso, embora seja impotente para cumprir tudo o que aprova, e não possua ainda a plena luz da verdade, nem a saúde de suas afeições.

3. "Por isso, ó meu Deus, que me deleito na Tua lei segundo o homem interior"[128], sabendo que o Teu mandamento é santo, justo e bom; reprovando também todo o mal e o pecado que deve ser evitado: mas com a carne sirvo à lei do pecado, enquanto obedeço à sensualidade e não a razão. "Por isso, a vontade de fazer o bem está presente em mim, mas não sei como realizá-la."[129] Por isso, às vezes, faço muitos propósitos bons, mas, como falta a Graça para ajudar minhas fraquezas, recuo diante de uma pequena resistência e falho. Por isso, acontece que reconheço o caminho da perfeição e vejo claramente as coisas que devo fazer; mas, pressionado pelo peso de minha própria corrupção, não me levanto para as coisas que são mais perfeitas.

4. Oh, quão inteiramente necessária é a Tua Graça para mim, ó Senhor, para um bom começo, para o progresso e para levar à perfeição. "Pois, sem ela nada posso fazer, mas posso fazer todas as coisas através da Tua Graça

---

128 Romanos, 7:12, 22, 25.
129 Romanos, 7:18.

que me fortalece."[130] Ó Graça verdadeiramente celestial, sem a qual nossos próprios méritos não são nada, e nenhum presente da natureza deve ser estimado. Artes, riquezas, beleza, força, inteligência, eloquência, todas elas de nada valem diante de Ti, ó Senhor, sem Tua Graça. Pois, os dons da Natureza pertencem igualmente ao bem quanto ao mal; mas o dom próprio dos eleitos é a Graça — isto é, o amor — e aqueles que levam a marca dela são considerados dignos da vida eterna. Essa Graça é tão poderosa que, sem ela, nem o dom da profecia, nem a operação de milagres, nem qualquer especulação, por mais elevada que seja, tem qualquer valor. Mas nem a fé, nem a esperança, nem qualquer outra virtude é aceita por Ti sem amor e Graça.

5. Ó Graça bendita que torna o pobre de espírito rico em virtudes e torna humilde de espírito aquele que é rico em muitas coisas, vem, desce sobre mim, enche-me logo com Tua consolação, para que minha alma não desfaleça pelo cansaço e pela seca de espírito. "Suplico-te, Senhor, que eu encontre Graça aos Teus olhos, pois a Tua Graça me basta"[131], quando não obtenho as coisas que a natureza deseja. Se eu for tentado e atormentado por muitas tribulações, não temerei mal nenhum, enquanto Tua graça permanecer comigo. Só esta é a minha força, isto me traz conselho e ajuda. É mais poderoso que todos os inimigos e mais sábio que todos os sábios do mundo.

6. É a senhora da verdade, a professora da disciplina, a luz do coração, o consolo da ansiedade, a banidora da tristeza, a libertadora do medo, a enfermeira da devoção, a gaveta das lágrimas. O que sou eu sem ela, senão uma árvore seca, um galho inútil, digno de ser jogado fora! "Que Tua Graça, portanto, Senhor, sempre me previna e me siga, e me torne continuamente disposto a todas as boas obras, por Jesus Cristo, Teu Filho. Amém."

Capítulo LVI
Que devemos negar a nós mesmos e imitar a Cristo por meio da Cruz

Meu Filho, na medida em que você for capaz de sair de si, poderá entrar em Mim. Assim como o fato de não desejar nada externo gera paz interior, o abandono de si une-se a Deus interiormente. Desejo que você aprenda a perfeita abnegação, vivendo em Minha vontade sem contradição

---
130 Filipenses, 4:13.
131 2 Coríntios, 12:9.

ou reclamação. Siga-me: "Eu sou o caminho, a verdade e a vida."[132] Sem o caminho você não pode seguir, sem a verdade você não pode conhecer, sem a vida você não pode viver. Eu sou o Caminho que você deve seguir; a Verdade na qual você deve acreditar; a Vida que você deve esperar. Eu sou o Caminho imutável; a Verdade infalível; a Vida eterna. Eu sou o Caminho totalmente reto, a Verdade suprema, a Vida verdadeira, a Vida abençoada, a Vida incriada. "Se você permanecer em Meu caminho, conhecerá a Verdade e a verdade o libertará"[133], e você alcançará a vida eterna.

2. "Se você quiser entrar na vida, guarde os mandamentos. Se você quiser conhecer a verdade, creia em Mim. Se você quer ser perfeito, venda tudo o que tem. Se quiser ser Meu discípulo, negue-se a si. Se quiser possuir a vida abençoada, despreze a vida que agora existe. Se quiser ser exaltado no céu, humilhe-se no mundo. Se quiser reinar comigo, carregue a cruz, pois somente os servos da cruz encontram o caminho da bem-aventurança e da verdadeira luz."[134]

3. Ó Senhor Jesus, visto que Tua vida foi estreitada e desprezada pelo mundo, concede-me imitar-Te desprezando o mundo, "pois o servo não é maior que seu senhor, nem o discípulo maior do que seu mestre."[135] Teu servo seja exercitado em Tua vida, porque aí está a minha salvação e a verdadeira santidade. Tudo o que leio ou ouço além disso, não me revigora nem me dá prazer.

4. "Meu filho, porquanto sabes estas coisas e as leste todas, bem-aventurado serás se as cumprires. 'Aquele que tem os Meus mandamentos e os guarda, esse é o que me ama, e eu o amarei, e Me manifestarei a ele'[136], e o farei sentar-se Comigo no reino de meu Pai".

5. Ó Senhor Jesus, como disseste e prometeste, que assim seja para mim e que eu me mostre digno. Recebi a cruz de Tuas mãos; eu a carreguei e a carregarei até a morte, assim como Tu a colocaste sobre mim. De fato, a vida de um servo verdadeiramente dedicado é uma cruz, mas ela leva ao paraíso. Eu comecei; não posso voltar nem sair dela.

6. Vinde, meus irmãos, avancemos juntos. Jesus estará conosco. Por amor de Jesus, tomamos esta cruz, por amor de Jesus, perseveremos na cruz. Ele será nosso ajudador, que foi o nosso Capitão e Precursor. Eis que nosso Rei entra à nossa frente e lutará por nós. Sigamos corajosamente, que ninguém tema os terrores; "estejamos preparados para morrer bravamente na batalha e não manchemos a nossa honra"[137] a ponto de fugir da cruz.

---

132 João, 14:5.

133 João, 8:32.

134 Mateus, 19:17, 21.

135 Mateus, 10:24.

136 João, 14:21.

137 1 Macabeus, 9:10.

Capítulo LVII
Para que o homem não se deixe abater demasiadamente quando cair em algumas falhas

"Meu filho, paciência e humildade nas adversidades são mais agradáveis para Mim do que muito conforto e devoção na prosperidade. Por que uma pequena coisa dita contra você o deixa triste? Se tivesse sido mais, você ainda não deveria se abalar. Mas agora deixe isso passar; não é a primeira, não é nova, e não será a última, se você viver muito tempo. Você é bastante corajoso, desde que não lhe sobrevenha nenhuma adversidade. Você também dá bons conselhos e sabe como fortalecer os outros com suas palavras; mas quando a tribulação de repente bate à sua própria porta, seu conselho e sua força falham. Considere sua grande fragilidade, que tantas vezes experimenta em assuntos insignificantes; no entanto, para a saúde de sua alma, essas coisas são feitas quando elas e outras semelhantes acontecem a você."

2. "Afaste-as de seu coração o melhor que puder e, se a tribulação o atingiu, não se deixe abater, nem o enredar por muito tempo. Pelo menos, suporta com paciência, se não puderes, com alegria. E ainda que não queira ouvir e sinta indignação, controle-se e não permita que saia de seus lábios nenhuma palavra imprudente que possa ofender os pequeninos. Logo a tempestade que se levantou será acalmada e a dor interior será suavizada pela graça que retorna. Eu ainda vivo, diz o Senhor, pronto para ajudá-lo e dar-lhe mais do que o consolo habitual, se você depositar sua confiança em Mim e Me invocar com devoção."

3. "Tenha um espírito mais calmo e se prepare para suportar mais. Nem tudo está frustrado, embora você se encontre muitas vezes aflito ou gravemente tentado. Você é homem, não Deus; você é carne, não um anjo. Como você poderia permanecer sempre no mesmo estado de virtude, quando um anjo no céu caiu e o primeiro homem no paraíso? Eu sou Aquele que levanta os que choram para a libertação, e aqueles que conhecem sua própria enfermidade, eu os levanto para a minha própria natureza."

4. Ó Senhor, bendita seja a Tua palavra, mais doce para a minha boca do que o mel e o favo de mel. O que eu faria em minhas grandes tribulações e ansiedades, a menos que Tu me confortasses com Tuas santas palavras? Se ao menos eu puder alcançar o refúgio da salvação, o que importa quais coisas ou quantas sofro? Dê-me um bom fim, dê-me uma passagem feliz para fora deste mundo. Lembre-se de mim, ó meu Deus, e conduza-me pelo caminho certo até o Teu Reino. Amém.

Capítulo LVIII
De assuntos mais profundos e dos julgamentos ocultos de Deus que não devem ser investigados

"Meu filho, cuidado para não discutir assuntos importantes e os julgamentos ocultos de Deus; por que este homem é assim abandonado, e aquele é tão favorecido? Por que também este é tão afligido, e aquele tão exaltado? Essas coisas ultrapassam todo o poder de julgamento do homem e nenhum raciocínio ou disputa tem poder para investigar os julgamentos divinos. Portanto, quando o inimigo sugerir essas coisas a você, ou quando qualquer pessoa curiosa fizer tais perguntas, responda com a palavra do Profeta: "Justo és Tu, ó Senhor, e verdadeiro é o Teu julgamento"[138], e com isto: "os julgamentos do Senhor são verdadeiros e totalmente justos."[139] Meus julgamentos devem ser temidos, não devem contestados, porque são incompreensíveis ao entendimento humano."

2. "E não sejam dados a indagar ou disputar sobre os méritos dos santos, qual é mais santo do que outro, ou qual é o maior no Reino dos Céus. Tais questões muitas vezes geram disputas e contendas inúteis: elas também alimentam o orgulho e a vanglória, de onde surgem invejas e dissensões, enquanto um homem arrogantemente se esforça para exaltar um santo e outro. Mas querer saber e pesquisar tais coisas não traz nenhum fruto, antes desagrada aos santos; "pois eu não sou o Deus da confusão, mas da paz"[140]; paz essa que consiste mais na verdadeira humildade do que na exaltação própria."

3. "Alguns são levados pelo zelo do amor a ter mais afeição por esses ou aqueles santos; mas essa é uma afeição humana e não divina. Eu sou Aquele que criou todos os santos: "Eu lhes dei a graça, trouxe-lhes a glória; conheço os méritos de cada um; preveni-os com as bênçãos de Minha bondade"[141]. "Previ meus amados desde a eternidade, escolhi-os do mundo"[142]; eles não Me escolheram. Eu os chamei pela Minha graça, atraí-os pela Minha misericórdia, conduzi-os através de diversas tentações. Derramei sobre eles grandes consolações, dei-lhes perseverança, coroei-lhes a paciência."

4. "Reconheço o primeiro e o último; abraço a todos com amor inestimável. Devo ser louvado em todos os Meus Santos; devo ser abençoado acima de todas as coisas e honrado em cada um a quem tão gloriosamente exaltei e

---

138 Salmos, 119:137.
139 Salmos, 19:9.
140 1 Coríntios, 14:33.
141 Salmos, 21:3.
142 João, 15:19.

predestinei, sem quaisquer méritos próprios anteriores. "Portanto, aquele que desprezar um dos menores deste Meu povo, não honrará o grande; porque Eu fiz tanto pequenos quanto grandes."[143] E aquele que fala contra qualquer um dos Meus Santos, fala contra Mim e contra todos os outros no Reino dos Céus. Todos são um pelo vínculo da caridade; eles pensam a mesma coisa, querem o mesmo e todos estão unidos no amor uns aos outros."

5. "Mas ainda assim (o que é muito melhor), eles Me amam acima de si e de seus próprios méritos. Por estarem acima de si e serem atraídos para além do amor-próprio, eles vão direto para o amor a Mim e descansam em Mim em perfeito gozo. Não há nada que possa afastá-los ou pressioná-los, pois, estando cheios da Verdade Eterna, eles ardem com o fogo da caridade inextinguível. Portanto, que todos os homens carnais e naturais se calem a respeito do estado dos santos, pois eles não sabem nada além de amar seu próprio prazer pessoal. Eles tiram e acrescentam de acordo com sua própria inclinação, não como agrada à Verdade Eterna."

6. "Em muitos homens isso é ignorância, principalmente naqueles que, sendo pouco esclarecidos, raramente aprendem a amar alguém com perfeito amor espiritual. Eles ainda são muito atraídos pela afeição natural e pela amizade humana por estes ou por aqueles, e assim como se consideram em assuntos inferiores, também moldam a imaginação das coisas celestiais. Mas há uma diferença incomensurável entre as coisas que eles imaginam imperfeitamente e as coisas que os homens iluminados contemplam através da revelação sobrenatural."

7. "Portanto, meu filho, cuide para que você não trate com curiosidade as coisas que ultrapassam seu conhecimento, mas, ao contrário, faça disso seu negócio e dê atenção a ele, a saber, que você procure ser encontrado, mesmo que seja o menor, no Reino de Deus. E ainda que alguém soubesse quem é mais santo do que os outros, ou quem é o maior no Reino dos Céus, de que lhe serviria esse conhecimento, a não ser que, por meio dele, se humilhasse perante mim e se levantasse para louvar mais o Meu nome? Aquele que considera quão grandes são seus próprios pecados, quão pequenas são suas virtudes e quão longe está da perfeição dos santos, age de modo muito mais aceitável aos olhos de Deus do que aquele que discute sobre a grandeza ou a pequenez deles."

8. "Eles ficariam totalmente satisfeitos, se os homens aprendessem a estar e a se absterem de tagarelar em vão. Eles não se gloriam de seus próprios méritos, pois não atribuem nenhum bem a si, mas tudo a Mim, pois Eu, em Minha infinita caridade, lhes dei todas as coisas. Estão cheios de tão grande amor à Divindade e de tão transbordante alegria, que nenhuma glória lhes falta, nem pode faltar qualquer felicidade. Todos os santos, quanto mais altos

---

143 Sabedoria 6:8.

são exaltados em glória, mais humildes são em si, e mais próximos e queridos são de Mim. 'E assim está escrito que eles lançaram suas coroas diante de Deus e caíram sobre seus rostos diante do Cordeiro, e adoraram Aquele que vive para todo o sempre.'"[144]

9. "Muitos perguntam quem é o maior no Reino dos Céus e não sabem se serão dignos de serem contados entre os menores. É uma grande coisa ser o menor no Céu, onde todos são grandes, porque todos serão chamados e serão filhos de Deus. O pequenino se tornará mil, mas o pecador que tiver cem anos será amaldiçoado. Pois, quando os discípulos perguntaram quem deveria ser o maior no Reino dos Céus, eles não receberam outra resposta além desta: 'A menos que vocês se convertam e se tornem como crianças, não entrarão no Reino dos Céus. Mas qualquer um que se humilhar como esta criança, será o maior no Reino dos Céus.'"[145]

10. Ai dos que não se humilham de boa vontade como as criancinhas, porque a porta baixa do reino dos céus não lhes permitirá entrar. "Ai também dos ricos, que aqui têm a sua consolação"[146]; porque, enquanto os pobres entrarem no reino de Deus, eles ficarão de fora lamentando. Alegrai-vos, humildes, e exultai, pobres, porque vosso é o reino de Deus, se tão somente andardes na verdade.

Capítulo LIX
Que toda esperança e confiança devem ser depositadas somente em Deus

Ó Senhor, qual é a confiança que tenho nesta vida, ou qual é o meu maior conforto dentre todas as coisas que se veem debaixo do céu? Porventura não és Tu, Senhor meu Deus, cujas misericórdias são inumeráveis? Onde foi bom para mim sem Ti? Ou quando poderia estar mal enquanto Tu estivesses perto? Prefiro ser pobre por Tua causa do que rico sem Ti. Prefiro ser peregrino na terra contigo do que, sem Ti, possuir o céu. Onde Tu estás, há o céu; e onde Tu não estás, eis a morte e o inferno. Tu és todo o meu desejo e, portanto, devo gemer, clamar e orar sinceramente por Ti. Em suma, não posso confiar plenamente em ninguém para me ajudar nas necessidades, a não ser em Ti somente, ó meu Deus. Tu és a minha esperança, Tu és a minha confiança, Tu és o meu Consolador e o mais fiel em todas as coisas.

---

144 Apocalipse, 4:10.
145 Mateus, 18:3.
146 Lucas, 6:24.

2. "Todos os homens buscam o que lhes é próprio"[147]; Tu só queres a minha salvação e o meu proveito, e tudo converteis para o meu bem. Ainda que me exponhas a diversas tentações e adversidades, ordenaste tudo isso para meu proveito, pois tens o costume de provar os teus amados de mil maneiras. E, nessa prova, o Senhor não deve ser menos amado e louvado do que se estivesse me enchendo de consolações celestiais.

3. Em Ti, pois, Senhor Deus, ponho toda a minha esperança e o meu refúgio; em Ti, ponho toda a minha tribulação e angústia; porque tudo o que vejo fora de Ti me parece fraco e instável. Pois, de nada adiantarão muitos amigos, nem ajudantes fortes para socorrer, nem conselheiros prudentes para dar uma resposta útil, nem os livros dos eruditos para consolar, nem qualquer substância preciosa para libertar, nem qualquer lugar secreto e belo para dar abrigo, se Tu mesmo não me ajudares, socorreres, fortaleceres, confortares, instruíres e mantiveres em segurança.

4. Pois, todas as coisas que parecem pertencer à conquista da paz e da felicidade não são nada quando Tu estás ausente e, na realidade, não trazem felicidade alguma. Portanto, Tu és o fim de todo bem, a plenitude da vida e a alma da eloquência; e esperar em Ti acima de todas as coisas é o maior consolo de Teus servos. "Os meus olhos olham para Ti"[148], em Ti, está minha confiança, ó meu Deus, Pai das misericórdias.

5. Abençoe e santifique minha alma com bênçãos celestiais para que ela se torne Tua santa habitação e o assento de Tua glória eterna; e que nada seja encontrado no Templo de Tua divindade que possa ofender os olhos de Tua majestade. Segundo a grandeza da Tua bondade e a multidão das Tuas misericórdias, olha para mim e ouve a oração do Teu pobre servo, exilado de Ti na terra da sombra da morte. Protege e preserva a alma do Teu menor servo em meio a tantos perigos de vida corruptível e, pela Tua graça, que me acompanha, dirige-a pelo caminho da paz para o seu lar de luz perpétua. Amém.

A obra de Tomás de Kempis foi influenciada por místicos de renome na teologia, como o frade Mestre Eckhart.

---

147 Filipenses, 2:21.
148 Salmos, 141:8.

O QUARTO LIVRO DO SACRAMENTO DO ALTAR
Uma devota exortação à Sagrada Comunhão
A Voz de Cristo

"Vinde a Mim, todos os que estais cansados e oprimidos e Eu vos aliviarei"[149], diz o Senhor. "O pão que darei é a Minha carne, que dou pela vida do mundo"[150]. "Tomai, comei: este é o Meu corpo, que é dado por vós; fazei isto em memória de mim"[151]. "Quem come a Minha carne e bebe o Meu sangue permanece em Mim e Eu nele. As palavras que Eu vos falo são espírito e vida"[152].

Capítulo I
Com que grande reverência Cristo deve ser recebido

A voz do discípulo

Essas são Tuas palavras, ó Cristo, Verdade Eterna, embora não tenham sido proferidas de uma só vez nem escritas juntas em um único lugar das Escrituras. Portanto, por serem Tuas palavras e verdadeiras, devo recebê-las todas com gratidão e fidelidade. Elas são Tuas, e Tu as proferiste; e são minhas também, porque Tu as disseste para minha salvação. É com alegria que as recebo de Tua boca, para que possam ser mais profundamente implantadas em meu coração. Palavras de tão grande graça me despertam, pois, são cheias de doçura e amor; mas meus próprios pecados me aterrorizam e minha consciência impura me afasta de receber tão grandes mistérios. A doçura de Tuas palavras me encoraja, mas a multidão de minhas faltas me pressiona.

2. Tu ordenas que eu me aproxime de Ti com firme confiança, se quiser ter parte contigo, e que eu receba o alimento da imortalidade, se desejar obter vida eterna e glória. Vinde a mim, diz o Senhor, todos os que estão cansados e sobrecarregados, e eu vos aliviarei. Oh, palavra doce e adorável aos ouvidos do pecador, que Tu, ó Senhor meu Deus, convidas os pobres e necessitados

---

149 Mateus, 11:28.
150 João, 6:51.
151 Mateus, 26:26; Lucas, 22:19.
152 João, 6:51, 63.

para a comunhão de Teu santíssimo corpo e sangue. Mas quem sou eu, ó Senhor, para ter a pretensão de me aproximar de Ti? Eis que o céu dos céus não pode Te conter, e ainda assim Tu dizes: vinde todos a Mim.

3. Que significa essa graciosa condescendência, esse convite tão amável? Como me atreverei a vir, se não sei nada de bom a meu respeito, de onde poderia presumir? Como poderei trazer-Te para dentro de minha casa, visto que tantas vezes pequei diante de Teu amorosíssimo olhar? Os anjos e os arcanjos têm admiração por Ti, os santos e os homens justos Te temem, e Tu dizes: Vem a Mim! Se Tu, Senhor, não tivesses dito isso, quem acreditaria que é verdade? E se não tivesses ordenado, quem tentaria se aproximar?

4. Eis que Noé, aquele homem justo, trabalhou por cem anos na construção da arca, para que pudesse ser salvo com os poucos; e eu, como poderei em uma hora me preparar para receber o Construtor do mundo com reverência? Moisés, Teu servo, Teu grande e especial amigo, fez uma arca de madeira incorruptível, que também cobriu com o mais puro ouro, para que pudesse colocar nela as tábuas da lei; e eu, uma criatura corruptível, ousarei receber-Te tão facilmente, o Criador da Lei e o Doador da vida? Salomão, o mais sábio dos reis de Israel, esteve sete anos construindo seu magnífico templo para o louvor de Teu Nome, e durante oito dias celebrou a festa de sua dedicação, ofereceu mil ofertas de paz e solenemente levou a Arca da Aliança para o lugar preparado para ela, ao som de trombetas e com grande alegria; e eu, infeliz e mais pobre da humanidade, como Te trarei para minha casa, se mal sei passar meia hora em devoção? E quem dera que fosse uma meia hora gasta dignamente!

5. Ó meu Deus, como esses santos homens se esforçaram para agradar-Te! E, infelizmente, como é pequeno e insignificante o que eu faço! Como é curto o tempo que passo quando estou me dispondo à comunhão! Raramente me recolho por completo, raramente me limpo de toda distração. E, certamente, na presença salvadora de Tua Divindade, nenhum pensamento indesejado deve se intrometer, nem qualquer criatura deve se apoderar de mim, porque não é um anjo, mas o Senhor dos Anjos, que estou prestes a receber como meu convidado.

6. No entanto, há uma grande diferença entre a Arca da Aliança, com suas relíquias e Teu puríssimo Corpo, com suas virtudes inefáveis, entre os sacrifícios da lei, que eram figuras das coisas futuras e o verdadeiro sacrifício de Teu Corpo, a conclusão de todos os sacrifícios antigos.

7. Por que então não anseio mais ardentemente pela Tua adorável presença? Por que não me preparo com maior solicitude para receber Tuas coisas sagradas, quando aqueles santos Patriarcas e Profetas de antigamente, reis e príncipes também, com todo o povo, manifestaram tão grande afeto de devoção para com Teu Serviço Divino?

8. O devotíssimo rei Davi dançava com todas as suas forças diante da Arca de Deus, lembrando-se dos benefícios concedidos aos seus antepassados no passado; ele fabricava instrumentos musicais de vários tipos, compunha Salmos e os designava para serem cantados com alegria, tocava ele mesmo muitas vezes na harpa, sendo inspirado pela graça do Espírito Santo; ele ensinou o povo de Israel a louvar a Deus com todo o coração e, com unidade de voz, a bendizê-Lo e louvá-Lo todos os dias. Se naquela época era exercida tão grande devoção e a celebração do louvor divino era realizada diante da Arca do Testemunho, quão grande reverência e devoção devem ser demonstradas agora por mim e por todo o povo cristão ao ministrar o Sacramento, ao receber o preciosíssimo Corpo e Sangue de Cristo.

9. Muitos correm para diversos lugares a fim de visitar os memoriais dos santos falecidos e se alegram ao ouvir falar de seus feitos e ao ver os belos edifícios de seus santuários. E eis que Tu estás presente aqui comigo, ó meu Deus, Santo dos Santos, Criador dos homens e Senhor dos Anjos. Muitas vezes, ao olharem para esses memoriais, os homens são movidos pela curiosidade e pela novidade, e muito pouco fruto de emenda é gerado, especialmente quando há tanta insignificância descuidada e tão pouca contrição verdadeira. Mas aqui no Sacramento do Altar, Tu estás totalmente presente, Meu Deus, o Homem Cristo Jesus; onde também abundante fruto de vida eterna é dado a todo aquele que Te recebe digna e devotamente. Porém a isso não se atrai leviandade, nem curiosidade, nem sensualidade, apenas fé inabalável, esperança devota e caridade sincera.

10. Ó Deus, Criador invisível do mundo, quão maravilhosamente trabalhas conosco, quão doce e graciosamente lidas com Teus eleitos, a quem Te ofereces para ser recebido neste Sacramento! Pois, isso ultrapassa todo entendimento, isso atrai especialmente os corações dos devotos e acende suas afeições. Pois, até mesmo Teus verdadeiros fiéis, que ordenam toda a sua vida para a emenda, muitas vezes obtêm deste excelente Sacramento grande graça de devoção e amor à virtude.

11. Ó graça admirável e oculta do Sacramento, que só os fiéis de Cristo conhecem, mas os infiéis e aqueles que servem o pecado não podem experimentar! Neste Sacramento é conferida a graça espiritual, e a virtude perdida é recuperada na alma, e a beleza que foi desfigurada pelo pecado retorna. Às vezes, essa graça é tão grande que, devido à plenitude da devoção concedida, não apenas a mente, mas também o corpo fraco, sente que mais força lhe é fornecida.

12. "Mas devemos nos lamentar e lastimar muito por nossa indiferença e negligência, por não sermos atraídos por maior afeição para nos tornarmos participantes de Cristo, em quem consiste toda a esperança e o mérito daqueles que serão salvos"¹⁵³. Ele é a consolação dos peregrinos e a fruição eterna dos Santos. Portanto, é lamentável que muitos considerem tão pouco esse mistério que dá saúde, que alegra o céu e preserva o mundo inteiro. Ai da cegueira e da dureza do coração do homem, que não considera mais essa dádiva indescritível, e até mesmo escorrega para o descuido com o uso diário.

13. Se este santíssimo Sacramento fosse celebrado em um só lugar e consagrado por um só sacerdote em todo o mundo, com que grande desejo, pensas tu, seriam os homens atraídos para esse lugar e para esse sacerdote de Deus, a fim de contemplarem os divinos mistérios celebrados? Mas agora muitos homens são feitos sacerdotes e em muitos lugares o Sacramento é celebrado, para que a graça e o amor de Deus para com os homens possam aparecer tanto quanto mais amplamente a Santa Comunhão for difundida em todo o mundo. Graças te damos, ó bom Jesus, Pastor eterno, que te concedeste refrescar-nos, pobres e exilados, com o teu precioso Corpo e Sangue, e convidar-nos a participar destes santos mistérios pelo convite da tua própria boca, dizendo: Vinde a mim, vós que estais cansados e oprimidos, e eu vos aliviarei.

Capítulo II
Que a grandeza e a caridade de Deus se manifestam aos homens no Sacramento

A voz do discípulo

Confiando em Tua bondade e grande misericórdia, ó Senhor, eu me aproximo, o doente ao Curador, o faminto e sedento à Fonte da vida, o pobre ao Rei dos céus, o servo ao Senhor, a criatura ao Criador, o desolado ao meu próprio e gentil Consolador. Mas de onde me vem isso, que Tu vens a mim? Quem sou eu para que Tu me ofereças a Ti mesmo? Como um pecador se atreve a comparecer diante de Ti? E como Te permites vir ao pecador? O Senhor conhece o Seu servo e sabe que ele não tem nada de bom para que o Senhor lhe conceda essa graça. Portanto, confesso minha própria vileza, reconheço Tua bondade, louvo Tua ternura e Te dou graças por Teu grande amor. Pois, Tu fazes isso por Tua própria causa, não por meus méritos, para que Tua bondade seja mais manifesta para mim, Tua caridade mais abundantemente derramada sobre mim, e Tua humildade mais perfeitamente recomendada para mim. Portanto, como isso Te agrada e Tu ordenaste que assim seja, Tua condescendência também me agrada; e que minha iniquidade não o impeça.

---

153 1 Coríntios, 1:30.

2. Ó dulcíssimo e terno Jesus, quanta reverência, quanta gratidão é devida a Ti, com perpétuo louvor, pela recepção de Teu sagrado Corpo e Sangue, cuja dignidade nenhum homem é capaz de expressar. Mas o que devo pensar nesta Comunhão ao me aproximar do meu Senhor, a quem não sou capaz de honrar dignamente, mas que, no entanto, desejo devotamente receber? O que será uma meditação melhor e mais saudável para mim do que a humilhação total de mim mesmo diante de Ti e a exaltação de Tua infinita bondade para comigo? Eu Te louvo, ó meu Deus, e Te exalto para sempre. Desprezo a mim mesmo e me lanço diante de Ti nas profundezas de minha vileza.

3. Eis que Tu és o Santo dos santos e eu o refúgio dos pecadores; eis que Tu te rebaixas até mim, que não sou digno de olhar para Ti; eis que Tu vens até mim, queres estar comigo, convidas-me para o Teu banquete. "Tu me darás o alimento celestial e o pão dos anjos para comer; ninguém mais, na verdade, do que Tu mesmo, o pão vivo, que desceu do céu e dá vida ao mundo"[154].

4. Vede de onde procede esse amor! Que tipo de condescendência transparece nele. Que grande gratidão e louvor são devidos a Ti por esses benefícios! Oh, quão salutar e proveitoso é o Teu propósito quando ordenaste isso! Quão doce e agradável foi o banquete quando Te deste como alimento! Oh, quão admirável é o Teu trabalho, Senhor, quão poderoso é o Teu poder, quão indescritível é a Tua verdade! Pois Tu disseste a palavra, e todas as coisas foram feitas; e fez-se o que Tu ordenaste.

5. Uma coisa maravilhosa e digna de fé, e que ultrapassa todo o entendimento do homem, que Tu, Senhor meu Deus, muito Deus e muito homem, Te dás totalmente a nós em um pouco de pão e vinho, e és assim nosso alimento inesgotável. Vós, Senhor de todos, que não tendes necessidade de nada, quisestes habitar em nós por meio de Vosso Sacramento. Preservai meu coração e meu corpo imaculados, para que, com uma consciência alegre e pura, eu possa muitas vezes (celebrar e)[155] receber para minha saúde perpétua. Teus mistérios, que consagraste e instituíste para Tua própria honra e para memória perpétua.

6. Alegra-te, ó minha alma, e dá graças a Deus por tão grande dádiva e preciosa consolação que te foi deixada neste vale de lágrimas. Pois toda vez que você recorda esse mistério e recebe o corpo de Cristo, toda vez você celebra a obra de sua redenção e se torna participante de todos os méritos de Cristo. Pois a caridade de Cristo nunca diminui, e a grandeza de Sua propiciação nunca se esgota. Portanto, por meio da renovação contínua de seu espírito, você deve se dispor a isso e a pesar o grande mistério da

---

154 João, 6:51.

155 As palavras entre parênteses só são adequadas para um sacerdote.

salvação com consideração atenta. Tão grande, novo e alegre deve parecer a você quando vier à comunhão, como se nesse mesmo dia Cristo estivesse descendo pela primeira vez no ventre da Virgem e se tornando homem, ou pendurado na cruz, sofrendo e morrendo pela salvação da humanidade.

Capítulo III
Que é proveitoso comunicar-se com frequência

A voz do discípulo

Eis que venho a Ti, Senhor, para que eu possa ser abençoado por meio de Tua dádiva e me alegrar em Tua santa festa que Tu, ó Deus, por "Tua bondade preparaste para os pobres"[156]. "Eis que em Ti está tudo o que posso e devo desejar, Tu és minha salvação e redenção, minha esperança e força, minha honra e glória"[157]. Anseio agora por receber-Te com devoção e reverência, desejo trazer-Te para minha casa, para que, com Zaqueu, eu possa ser considerado digno de ser abençoado por Ti e contado entre os filhos de Abraão. Minha alma tem um desejo sincero por Teu Corpo, meu coração anseia por unir-se a Ti.

2. Dá-me a Ti mesmo e isso basta, pois além de Ti não há consolo que valha. Sem Ti, não posso ser, e sem Tua visita não tenho poder para viver. Portanto, preciso me aproximar de Ti com frequência e receber-Te para a cura de minha alma, para que eu não desfaleça no caminho se for privado do alimento celestial. Pois, assim Tu, misericordiosíssimo Jesus, pregando ao povo e curando muitos doentes, disseste certa vez: "Não os mandarei embora em jejum para suas casas, para que não desfaleçam pelo caminho"[158]. Pois Tu és o doce refrigério da alma, e aquele que Te comer dignamente será participante e herdeiro da glória eterna. De fato, é necessário que eu, que tantas vezes retrocedo e peco, que tão rapidamente esfrio e desmaio, me renove, me purifique e me anime por meio de orações e penitências frequentes e pela ingestão de Teu sagrado Corpo e Sangue, para que eu não fique aquém de minhas santas resoluções por causa de uma abstinência muito longa.

3. "Pois, as imaginações do coração do homem são más desde a sua juventude"[159], e, a menos que o remédio divino o socorra, o homem está sempre se desviando para o pior. A Santa Comunhão, portanto, nos afasta do mal e nos fortalece para o bem. Pois, se agora sou tão negligente e morno

---

156 Salmos, 68:10.

157 Salmos, 86:4.

158 Mateus, 15:32.

159 Gênesis, 8:21.

quando comungo [ou celebro], como seria comigo, se não recebesse esse remédio e não buscasse tão grande ajuda? [E embora eu não esteja todos os dias apto nem bem preparado para celebrar, ainda assim darei diligente atenção no devido tempo, para receber os mistérios divinos e me tornar participante de tão grande graça]. Pois, esta é a principal consolação de uma alma fiel, enquanto estiver ausente de Ti em um corpo mortal, que estando continuamente atenta a seu Deus, ela recebe seu Amado com espírito devoto.

4. Oh, maravilhosa condescendência de Tua piedade para conosco, que Tu, ó Senhor Deus, Criador e Vivificador de todos os espíritos, te dignes a vir a uma alma tão pobre e fraca, e aplacar sua fome com toda a Tua Divindade e Humanidade. Oh, mente feliz e alma abençoada, à qual é concedido devotamente recebê-Lo como seu Senhor Deus e, ao recebê-Lo, ser preenchida com toda a alegria espiritual! Oh, quão grande Senhor ela recebe, quão amado Hóspede ela traz, quão encantador Companheiro ela recebe, quão fiel Amigo ela acolhe, quão belo e exaltado Esposo, acima de qualquer outro Amado, ela abraça, Aquele que deve ser amado acima de todas as coisas que podem ser desejadas! "Ó, meu mais doce Amado, que o céu e a terra e toda a sua glória se calem em Tua presença, pois todo louvor e beleza que eles têm provêm de Tua graciosa generosidade; e eles nunca alcançarão a beleza de Teu Nome, cuja Sabedoria é infinita"[160].

Capítulo IV
Que muitas boas dádivas são concedidas àqueles que se comunicam devotamente

A voz do discípulo

Ó Senhor, meu Deus, previne Teu servo com as bênçãos de Tua doçura, para que eu possa me aproximar digna e devotamente de Teu glorioso Sacramento. Despertai meu coração para Vós e livrai-me do sono pesado. Visitai-me com Vossa salvação para que eu possa, em espírito, saborear Vossa doçura, que está abundantemente escondida neste Sacramento como em uma fonte. Ilumina também meus olhos para contemplar esse mistério tão grande e fortalece-me para que eu possa acreditar nele com fé inabalável. Pois, é a Tua palavra, não o poder humano; é a Tua santa instituição, não a invenção do homem. Pois, nenhum homem é considerado apto em si para receber e compreender essas coisas, que transcendem até mesmo a sabedoria dos anjos. Que parte, então, eu, indigno pecador, que não passo de pó e cinza, poderei pesquisar e compreender de tão profundo Sacramento?

---
160 Salmos, 147:5.

2. Ó Senhor, na simplicidade do meu coração, com boa e firme fé, e segundo a Tua vontade, aproximo-me de Ti com esperança e reverência, e acredito verdadeiramente que Tu estás aqui presente no Sacramento, Deus e homem. Portanto, Vós quereis que eu Vos receba e me una a Vós na caridade. Por isso, rogo a Tua misericórdia e imploro que me dês Tua graça especial, para que eu possa ser totalmente dissolvido e transbordar de amor por Ti, e não mais permitir que qualquer outro consolo entre em mim. Pois esse altíssimo e glorioso sacramento é a saúde da alma e do corpo, o remédio para todas as doenças espirituais, pelo qual sou curado de meus pecados, minhas paixões são refreadas, as tentações são vencidas ou enfraquecidas, mais graça é derramada em mim, a virtude iniciada é aumentada, a fé é firmada, a esperança é fortalecida e a caridade é acesa e ampliada.

3. Pois, nesse sacramento, Vós concedestes muitas coisas boas e ainda as concedeis continuamente aos Vossos eleitos que se comunicam devotamente: "Ó meu Deus, edificador da minha alma, reparador da enfermidade humana e doador de toda consolação interior. Pois Tu lhes dás muita consolação contra todo tipo de tribulação, e do fundo de sua própria miséria Tu os elevas à esperança de Tua proteção, e com graça sempre nova, Tu os refrescas e iluminas interiormente; de modo que aqueles que se sentiam ansiosos e sem afeição antes da Comunhão, depois de serem refrescados com comida e bebida celestiais, se veem mudados para melhor. E, mesmo assim, Tu tratas os Teus eleitos de modo diferente, para que eles possam reconhecer verdadeiramente e provar claramente que não têm nada de próprio, e que a bondade e a graça lhes vêm de Ti; porque, sendo em si frios, duros de coração, indoutos, através de Ti eles se tornam fervorosos, zelosos e devotos. Pois quem é que, aproximando-se humildemente da fonte da doçura, não leva dali pelo menos um pouco dessa doçura? Ou quem, estando junto a um grande fogo, não retira dali um pouco do seu calor? E Tu és sempre uma fonte cheia e transbordante, um fogo que arde continuamente e nunca se apaga."

4. Portanto, se não me for permitido beber da plenitude da fonte, nem beber até a saciedade, ainda assim encostarei meus lábios à boca do conduto celestial, para que ao menos receba uma pequena gota para saciar minha sede, a fim de não secar meu coração. E se eu ainda não for capaz de ser totalmente celestial e tão inflamado quanto os Querubins e Serafins, ainda assim me esforçarei para me entregar à devoção e preparar meu coração, para que eu possa ganhar, mesmo que seja apenas uma pequena chama do fogo divino, por meio da humilde recepção do Sacramento vivificante. Mas tudo o que me falta, ó Jesus misericordioso, Santíssimo Salvador, Tu, por Tua bondade e graça, suprirás, pois, tens a promessa de chamar todos a Ti, dizendo: Vinde a mim, todos os que estais cansados e sobrecarregados, e eu vos aliviarei.

5. De fato, trabalho com o suor do meu rosto, sou atormentado pela tristeza de meu coração, estou sobrecarregado de pecados, sou perturbado por tentações, estou enredado e oprimido por muitas paixões, e não há ninguém para me ajudar, não há ninguém para me livrar e aliviar, a não ser Tu, ó Senhor Deus, meu Salvador, a quem entrego a mim e todas as coisas que são minhas, para que Tu me preserves e me conduzas à vida eterna.

Recebe-me para o louvor e a glória de Teu nome, que preparaste Teu Corpo e Sangue para serem minha comida e bebida. Concede, Senhor Deus, meu Salvador, que o zelo de minha devoção aumente com a frequência de meus mistérios.

Capítulo V
Da dignidade desse Sacramento e do ofício do sacerdote

A voz do Amado

Se você tivesse a pureza angelical e a santidade de São João Batista, não seria digno de receber ou ministrar este Sacramento. Pois, isso não é merecido por mérito do homem, que um homem consagre e ministre o Sacramento de Cristo e tome como alimento o pão dos anjos. Vasto é o mistério e grande é a dignidade dos sacerdotes, aos quais é dado o que não é concedido aos anjos. Pois, somente os sacerdotes, corretamente ordenados na igreja, têm o poder de consagrar e celebrar o Corpo de Cristo. O sacerdote, de fato, é o ministro de Deus, usando a Palavra de Deus por ordem e instituição de Deus; no entanto, Deus é o principal Autor e Operador invisível, a quem tudo o que Ele quer está sujeito, e tudo o que Ele ordena é obediente.

2. Portanto, você deve acreditar em Deus Todo-Poderoso nesse excelente Sacramento, mais do que em seu próprio senso ou em qualquer sinal visível. E, portanto, é com temor e reverência que essa obra deve ser abordada. Portanto, preste atenção e veja em que consiste o ministério que lhe foi confiado pela imposição da mão do bispo. Eis que você foi feito sacerdote e consagrado para celebrar. Veja agora se o faz diante de Deus com fidelidade e devoção no devido tempo, e se mostre sem culpa. Você não aliviou seu fardo, mas agora está preso a um vínculo mais rígido de disciplina e comprometido com um grau mais elevado de santidade. Um sacerdote deve ser adornado com todas as virtudes e dar aos outros um exemplo de boa vida. Sua conversa não deve ser com as maneiras populares e comuns dos homens, mas com os anjos no céu ou com homens perfeitos na Terra.

3. Um sacerdote vestido com vestes sagradas toma o lugar de Cristo para que possa orar a Deus com toda súplica e humildade por si e por todo

o povo. Ele deve sempre se lembrar da Paixão de Cristo. Ele deve observar diligentemente os passos de Cristo e esforçar-se fervorosamente para segui-los. Deve suportar docilmente por Deus todos os males que lhe forem causados por outros. Ele deve lamentar por seus próprios pecados e pelos pecados cometidos por outros, e não deve se descuidar da oração e da santa oblação, até que prevaleça a obtenção de graça e misericórdia. Quando o sacerdote celebra, ele honra a Deus, dá alegria aos anjos, edifica a Igreja, ajuda os vivos, tem comunhão com os que partiram e se torna participante de todas as coisas boas.

Capítulo VI
Uma investigação sobre a preparação para a Comunhão

A voz do discípulo

Quando considero Tua dignidade, ó Senhor, e minha própria vileza, tremo muito e fico confuso dentro de mim mesmo. Pois, se não me aproximar, fujo da vida; e se me intrometer indignamente, corro para o Teu desagrado. Que farei, pois, ó Deus meu, que me ajudas e aconselhas nas necessidades?

2. Ensina-me o caminho certo; propõe-me um breve exercício adequado à Santa Comunhão. Pois, é proveitoso saber como devo preparar meu coração devota e reverentemente para Ti, a fim de que eu possa receber Teu Sacramento para a saúde de minha alma [ou pode ser também para a celebração deste mistério tão grande e divino].

Capítulo VII
Do exame de consciência e do propósito de emenda

A voz do Amado

Acima de todas as coisas, o sacerdote de Deus deve se aproximar, com toda humildade de coração e reverência suplicante, com plena fé e desejo piedoso de honrar a Deus, para celebrar, ministrar e receber este Sacramento. Examine diligentemente sua consciência e, com todas as suas forças, com verdadeira contrição e humilde confissão, limpe-a e purifique-a, de modo que não sinta nenhum peso, nem saiba de nada que lhe traga remorso e impeça sua livre aproximação. Desagradeça-se de todos os seus pecados em geral e, especialmente, entristeça-se e lamente-se por causa de suas transgressões diárias. E, se tiver tempo, confesse a Deus, no segredo de seu coração, todas as misérias de sua própria paixão.

2. Lamentai e entristecei-vos, porque ainda sois tão carnais e mundanos, tão não mortificados de vossas paixões, tão cheios do movimento da concupiscência, tão desprotegidos em vossos sentidos exteriores, tão frequentemente enredados em muitas vãs fantasias, tão inclinados para as coisas exteriores, tão negligentes para as interiores; tão prontos para o riso e a dissolução, tão despreparados para o choro e a contrição; tão propensos ao relaxamento e à indulgência da carne, tão embotados para o zelo e o fervor; tão curiosos para ouvir novidades e contemplar belezas, tão relutantes em abraçar coisas humildes e desprezadas; tão desejosos de ter muitas coisas, tão rancorosos em dar, tão fechados em guardar; tão irrefletidos em falar, tão relutantes em guardar silêncio; tão desordenados nas maneiras, tão irrefletidos nas ações; tão ávidos por comida, tão surdos para a Palavra de Deus; tão ávidos por descanso, tão lentos para o trabalho; tão atentos aos contos, tão sonolentos para as santas vigílias; tão ávidos pelo fim delas, tão desatentos a elas; tão negligentes na observância das horas de oração, tão mornos na celebração, tão infrutíferos na comunicação; tão rapidamente distraído, tão raramente bem recolhido em si; tão rapidamente levado à ira, tão pronto para desagradar aos outros; tão propenso a julgar, tão severo em repreender; tão alegre na prosperidade, tão fraco na adversidade; tão frequentemente tomando boas resoluções e as levando a tão pouco efeito.

3. Depois de ter confessado e lamentado essas e outras deficiências, com pesar e desgosto por sua própria enfermidade, tome então a firme resolução de emendar continuamente sua vida e progredir em tudo o que é bom. Além disso, com plena resignação e inteira vontade, ofereça-se para a honra de Meu nome no altar de seu coração como um holocausto perpétuo e completo, apresentando fielmente seu corpo e sua alma a Mim, a fim de que possa ser considerado digno de aproximar-se para oferecer esse sacrifício de louvor e ação de graças a Deus e receber o Sacramento de Meu Corpo e Sangue para a saúde de sua alma. Pois, não há oblação mais digna, nem satisfação maior para a destruição do pecado, do que o homem oferecer-se a Deus pura e inteiramente com a oblação do Corpo e Sangue de Cristo na Santa Comunhão. "Se um homem tiver feito o que está em seu coração e se arrepender verdadeiramente, então, quantas vezes ele se aproximar de mim para obter perdão e graça, como eu vivo, diz o Senhor, não tenho prazer na morte de um pecador, mas sim que ele se converta e viva. Todas as transgressões que tiver cometido não lhe serão mencionadas"[161].

---

161 Ezequiel, 18:21-23.

Capítulo VIII
Da oblação de Cristo na cruz e da renúncia de si

A voz do Amado

Assim como Eu, por Minha própria vontade, Me ofereci a Deus Pai na cruz por seus pecados, com as mãos estendidas e o corpo nu, de modo que nada permaneceu em Mim que não se tornasse um sacrifício para a propiciação Divina, assim também você deve oferecer-se a Mim todos os dias, de boa vontade, para uma oblação pura e santa, com toda a sua força e afeto, até as forças mais profundas de seu coração. O que mais exijo de você, além de que estude para se entregar totalmente a Mim? O que quer que você dê além de si, nada Me importa, pois, não peço sua oferta, mas a ti.

2. Assim como não lhe bastaria ter todas as coisas, exceto a Mim, assim também tudo o que Me der, se não Me der a si, não poderá agradar-Me. Ofereça-se a Mim e entregue-se totalmente a Deus, e assim sua oferta será aceita. Eis que eu Me ofereci inteiramente ao Pai por ti; também dou todo o Meu corpo e sangue como alimento, para que tu permaneças inteiramente Meu e Eu teu. Mas se permaneceres em ti e não te ofereceres livremente à Minha vontade, tua oferta não será perfeita, nem a união entre nós será completa. Portanto, a oferta voluntária de si nas mãos de Deus deve vir antes de todas as suas obras, se você quiser alcançar a liberdade e a graça. Pois, essa é a razão pela qual tão poucos são interiormente iluminados e libertos, porque não sabem como se negar inteiramente a si. Minha palavra é firme: "Se alguém não renunciar a tudo, não pode ser meu discípulo"[162]. Portanto, se quiser ser meu discípulo, ofereça-se a mim com todo o seu afeto.

Capítulo IX
Que devemos oferecer a nós mesmos e tudo o que é nosso a Deus e orar por todos

A voz do discípulo

"Senhor, tudo o que há no céu e na terra é Teu"[163]. Desejo oferecer-me a Ti como oferta voluntária e continuar Teu para sempre. "Senhor, na

---

162 Lucas, 14:33.
163 1 Crônicas, 29:11.

retidão do meu coração, ofereço-me voluntariamente"[164] a Ti hoje para ser Teu servo para sempre, em humilde submissão e como um sacrifício de louvor perpétuo. Recebe-me com esta santa Comunhão de Teu precioso Corpo, que celebro hoje diante de Ti na presença dos Anjos que Te rodeiam invisivelmente, para que seja para a minha salvação e a de todo o Teu povo.

2. Senhor, eu coloco diante de Ti, nesta celebração, todos os meus pecados e ofensas que cometi diante de Ti e de Teus santos anjos, desde o dia em que pude pecar pela primeira vez até esta hora; para que possas consumir e queimar cada um deles com o fogo de Tua caridade, e possas remover todas as manchas de meus pecados, purificar minha consciência de toda ofensa e restaurar-me ao Teu favor, que perdi ao pecar, perdoando-me totalmente e admitindo-me misericordiosamente ao ósculo da paz.

3. O que posso fazer em relação aos meus pecados, exceto confessá-los e lamentá-los humildemente e implorar incessantemente a Tua propiciação? Rogo-Te que sejas propício a mim e me ouças, quando eu estiver diante de Ti, ó meu Deus. Todos os meus pecados me desagradam gravemente: nunca mais os cometerei; mas me entristeço por eles e me entristecerei enquanto viver, com o firme propósito de me arrepender verdadeiramente e de fazer a restituição na medida do possível. Perdoa, ó Deus, perdoa meus pecados por causa de Teu santo nome; salva minha alma, que redimiste com Teu precioso sangue. Eis que me entrego à Tua misericórdia e me resigno às Tuas mãos. Trata-me segundo a Tua bondade, não segundo a minha maldade e iniquidade.

4. Ofereço também a Ti toda a minha bondade, embora seja extremamente pequena e imperfeita, para que possas consertá-la e santificá-la, para que possas torná-la agradável e aceitável aos Teus olhos, e sempre levá-la à perfeição; e, além disso, levar-me com segurança, pobre criatura preguiçosa e inútil que sou, a um fim feliz e abençoado.

5. Além disso, ofereço-Te todos os desejos piedosos dos devotos, as necessidades dos pais, amigos, irmãos, irmãs e de todos os que me são caros, e daqueles que fizeram o bem a mim ou a outros por Teu amor; e daqueles que desejaram e suplicaram minhas orações por si e por tudo o que lhes pertence; para que todos se sintam assistidos por Tua graça, enriquecidos pelo consolo, protegidos dos perigos, livres das dores; e para que, estando livres de todos os males, possam alegremente dar-Te graças extraordinárias.

6. Ofereço-Te também orações e intercessões sacramentais especialmente por aqueles que me prejudicaram em alguma coisa, me entristeceram ou falaram mal de mim, ou me causaram qualquer perda, ou desgosto; por todos aqueles também a quem, em algum momento, entristeci, perturbei, sobrecarreguei e escandalizei, por palavras ou atos, consciente ou

---

164 1 Crônicas, 29:17.

ignorantemente; para que a todos nós igualmente perdoe nossos pecados e ofensas mútuas. Afastai, Senhor, de nossos corações toda suspeita, indignação, ira e contenda, e tudo o que for capaz de ferir a caridade e diminuir o amor fraterno. Tende piedade, tende piedade, Senhor, daqueles que imploram por Vossa misericórdia; dai graça aos necessitados; e tornai-nos tais que sejamos dignos de gozar de Vossa graça e de avançar para a vida eterna. Amém.

Capítulo X
Que a Sagrada Comunhão não deve ser omitida levianamente

A voz do Amado

Deveis recorrer frequentemente à Fonte da graça e da misericórdia divina, à Fonte da bondade e de toda pureza, para que possais obter a cura de vossas paixões e vícios, e para que possais tornar-vos mais fortes e vigilantes contra todas as tentações e artimanhas do demônio. O inimigo, sabendo do proveito e do remédio extremamente forte que se encontra na Santa Comunhão, esforça-se por todos os meios e ocasiões para afastar e impedir os fiéis e devotos, tanto quanto pode.

2. Pois, quando alguns se preparam para a Santa Ceia, sofrem com as sugestões mais malignas de Satanás. O próprio espírito maligno (como está escrito em Jó) vem entre os filhos de Deus para perturbá-los com seu mau procedimento habitual, ou para torná-los excessivamente tímidos e perplexos; com a intenção de diminuir suas afeições ou tirar-lhes a fé por meio de seus ataques, se porventura conseguir convencê-los a abandonar completamente a Santa Ceia, ou a vir a ela com corações mornos. Mas suas artimanhas e ilusões não devem ser levadas em conta, por mais perversas e terríveis que sejam; mas todas as suas ilusões devem ser lançadas de volta sobre sua própria cabeça. O miserável deve ser desprezado e ridicularizado, e a Santa Ceia não deve ser omitida por seus insultos e problemas internos que ele provoca.

3. Muitas vezes também o excesso de cuidado ou alguma ansiedade, ou outra coisa que afete a confissão impede a obtenção da devoção. Faça segundo o conselho dos homens sábios e deixe de lado a ansiedade e o escrúpulo, pois eles impedem a graça de Deus e destroem a devoção da mente. Devido alguma pequena aflição ou problema, não negligencie a Santa Comunhão, mas apresse-se em confessá-la e perdoe livremente todas as ofensas cometidas contra você. E se você tiver ofendido alguém, humildemente peça perdão, e Deus o perdoará livremente.

4. De que adianta adiar por muito tempo a confissão de seus pecados, ou adiar a Santa Ceia? Limpe-se imediatamente, cuspa o veneno com toda a rapidez, apresse-se em tomar o remédio, e você se sentirá melhor do que se tivesse adiado por muito tempo. Se hoje você adiar por um motivo, amanhã talvez surja algum obstáculo maior, e assim você poderá ficar impedido de comungar por muito tempo e se tornar mais inapto. Assim que puder, livre-se de sua atual tristeza e preguiça, pois não adianta nada ficar ansioso por muito tempo, seguir seu caminho com o coração pesado e, pequenos obstáculos diários, afastar-se das coisas divinas; não, é extremamente prejudicial adiar sua comunhão por muito tempo, pois isso geralmente causa grande torpor. Infelizmente, há alguns, mornos e indisciplinados, que voluntariamente encontram desculpas para adiar o arrependimento e desejam adiar a Sagrada Comunhão, para não serem obrigados a manter uma vigilância mais rigorosa sobre si.

5. Quão pouca caridade, que devoção enfraquecida, têm aqueles que tão levianamente adiam a Santa Comunhão. Quão feliz é aquele, quão aceitável a Deus, que assim vive e em tal pureza de consciência se mantém, que a qualquer dia poderia estar pronto e bem inclinado a se comunicar, se estivesse em seu poder, e poderia fazê-lo sem o aviso dos outros. Se um homem, às vezes, se abstém pela humildade ou devido alguma causa sadia, ele deve ser elogiado por sua reverência. Mas, se a sonolência se apoderou dele, deve despertar-se e fazer o que lhe apraz; e o Senhor ajudará seu desejo pela boa vontade que ele tem, a qual Deus aprova especialmente.

6. Mas quando ele é impedido por causa suficiente, ainda assim ele sempre terá boa vontade e piedosa intenção de se comunicar; e assim não lhe faltará o fruto do sacramento. Pois, qualquer homem devoto pode, todos os dias e a toda hora, aproximar-se da comunhão espiritual com Cristo para a saúde de sua alma e sem impedimentos. No entanto, em certos dias e na hora marcada, ele deve receber o Corpo e o Sangue de seu Redentor com afetuosa reverência, e procurar antes o louvor e a honra de Deus do que seu próprio conforto. Pois, tantas vezes ele se comunica misticamente e é invisivelmente revigorado, à medida que devotamente recorda o mistério da encarnação e da paixão de Cristo e se inflama com seu amor.

7. Aquele que só se prepara quando uma festa está próxima ou quando o costume o obriga, muitas vezes não estará preparado. Bem-aventurado é aquele que se oferece a Deus como holocausto inteiro, sempre que celebra ou comunica! Não seja muito lento nem muito apressado em suas celebrações, mas preserve o bom costume recebido daqueles com quem você vive. Não deve causar cansaço e aborrecimento aos outros, mas observar o costume recebido, conforme a instituição dos anciãos; e ministrar para o benefício dos outros, em vez de sua própria devoção ou sentimento.

Capítulo XI
Que o Corpo e o Sangue de Cristo e as Sagradas Escrituras são extremamente necessários para uma alma fiel

A voz do discípulo

Ó dulcíssimo Senhor Jesus, quão grande é a bem-aventurança da alma devota que se alimenta Contigo em Teu banquete, onde não há outro alimento senão Tu mesmo, seu único Amado, mais desejável do que todos os desejos do coração? E para mim, seria verdadeiramente doce derramar minhas lágrimas em Tua presença, do fundo do meu coração, e, como a piedosa Madalena, regar Teus pés com minhas lágrimas. Mas onde está essa devoção? Onde está o fluir abundante de lágrimas sagradas? Certamente, em Tua presença e na presença dos santos anjos, todo o meu coração deveria arder e chorar de alegria, pois Te tenho no Sacramento verdadeiramente presente, embora oculto sob outra forma.

2. Porque, em Teu próprio brilho divino, meus olhos não poderiam suportar contemplar-Te, nem o mundo inteiro poderia permanecer diante do esplendor da glória de Tua Majestade. Portanto, Tu tens consideração pela minha fraqueza, pois Te ocultas sob o Sacramento. Na verdade, eu possuo e adoro Aquele que os anjos adoram no céu; eu, por algum tempo, pela fé, mas eles por vista e sem véu. "É bom para mim, contentar-me com a luz da verdadeira fé, e andar nela até que o dia do brilho eterno amanheça, e as sombras das figuras desapareçam"[165]. Mas quando o que é perfeito chegar, o uso dos Sacramentos cessará, porque os Abençoados na glória celestial não têm necessidade do remédio Sacramental. Pois, eles se regozijam incessantemente na presença de Deus, contemplando Sua glória face a face, e sendo transformados de glória em glória[166] do Deus infinito, eles provam a Palavra de Deus feita carne, como Ele era no princípio e permanece para sempre.

3. Quando penso nessas coisas maravilhosas, até mesmo o conforto espiritual, seja ele qual for, torna-se um grande cansaço para mim; pois enquanto eu não vir abertamente o meu Senhor em Sua própria Glória, não considero nada de tudo o que vejo e ouço no mundo. Tu, ó Deus, és minha testemunha de que nada é capaz de me confortar, nenhuma criatura é capaz de me dar descanso, exceto Tu, ó meu Deus, a quem desejo contemplar eternamente. Mas isso não é possível, enquanto eu permanecer neste estado mortal. Portanto, devo dedicar-me a uma grande paciência e submeter-me a Ti em todo desejo. Pois, até mesmo Teus santos, Senhor, que agora se

---

[165] Cânticos, 2:17.
[166] 2 Coríntios, 3:18.

regozijam Contigo no reino dos céus, aguardaram a vinda de Tua glória enquanto viveram aqui, com fé e grande glória. O que eles acreditavam, isso acredito eu; o que eles esperavam, eu espero; aonde eles chegaram, para lá, por Tua graça, espero ir. Enquanto isso, caminharei com fé, fortalecido pelos exemplos dos santos. Terei também livros sagrados como consolo e espelho de vida e, acima de todos eles, Teu santíssimo Corpo e Sangue serão para mim um remédio e refúgio especial.

4. Pois, duas coisas sinto que são extremamente necessárias para mim nesta vida, sem as quais esta vida miserável seria intolerável para mim; estando detido na prisão deste corpo, confesso que preciso de duas coisas, até de comida e luz. "Por isso, deste a mim, que sou tão fraco, Teu sagrado Corpo e Sangue, para o refrigério da minha alma e do meu corpo, e puseste Tua Palavra como lanterna para os meus pés"[167]. Sem essas duas coisas, eu não poderia viver adequadamente; pois a Palavra de Deus é a luz da minha alma, e Teu Sacramento, o pão da vida. Essas também podem ser chamadas de duas mesas, colocadas de um lado e de outro, no tesouro de Tua santa Igreja. Uma mesa é a do Altar Sagrado, que contém o pão sagrado, que é o precioso Corpo e Sangue de Cristo; a outra é a mesa da Lei Divina, que contém a santa doutrina, ensina a verdadeira fé e conduz com firmeza até o que está dentro do véu, onde está o Santo dos Santos.

5. Graças Te damos, Senhor Jesus, Luz da Luz eterna, pela mesa de santa doutrina que nos forneceste por meio de Teus servos, os Profetas, Apóstolos e outros mestres. Graças Te damos, ó Criador e Redentor dos homens, que, para tornar conhecido Teu amor ao mundo inteiro, preparaste uma grande ceia, na qual apresentaste para o bem não o cordeiro típico, mas Teu próprio Santíssimo Corpo e Sangue; alegrando todos os Teus fiéis com esse santo banquete e dando-lhes a beber o cálice da salvação, no qual estão todas as delícias do Paraíso, e os santos Anjos se alimentam conosco, e com uma doçura ainda mais feliz.

6. Oh, quão grande e honroso é o ofício dos sacerdotes, a quem é dado consagrar o Sacramento do Senhor da Majestade com palavras santas, abençoá-lo com os lábios, segurá-lo em suas mãos, recebê-lo com sua própria boca e administrá-lo a outros! Oh, quão limpas devem ser essas mãos, quão pura a boca, quão santo o corpo, quão imaculado o coração do sacerdote, a quem tantas vezes entra o Autor da pureza! Da boca do sacerdote não deve sair senão o que é santo, o que é honesto e proveitoso, porque ele recebe muitas vezes o Sacramento de Cristo.

7. Seus olhos devem ser únicos e puros, uma vez que estão acostumados a olhar para o Corpo de Cristo; as mãos devem ser puras e erguidas em direção ao céu, pois estão acostumadas a segurar dentro delas o Criador do céu e da

---

167 Salmos, 119:105.

Terra. Aos sacerdotes é dito especialmente na Lei: "Sede santos, porque eu, o Senhor vosso Deus, sou santo"[168].

8. Ajudai-nos com Vossa graça, ó Deus Todo-Poderoso, para que nós, que tomamos sobre nós o ofício sacerdotal, possamos conversar digna e devotamente convosco com toda pureza e boa consciência. E se não formos capazes de ter nossa conversa na inocência de vida como deveríamos, concede-nos, ainda assim, a dignidade de lamentar os pecados que cometemos e, com espírito de humildade e pleno propósito de boa vontade, servir-Te com mais seriedade no futuro.

Capítulo XII
Que quem está prestes a comunicar-se com Cristo deve preparar-se com grande diligência

A voz do Amado

Eu sou o Amante da pureza e o Doador da santidade. Busco um coração puro, e ali é o lugar do Meu descanso. "Prepara-me um cenáculo mobiliado mais amplo, e celebrarei a Páscoa em tua casa com meus discípulos"[169]. "Se queres que eu vá a ti e permaneça contigo, elimina o fermento velho"[170], e purifica a habitação de teu coração. Exclua o mundo inteiro e toda a multidão de pecados; "sente-se como um pardal sozinho no telhado da casa"[171], e pense em suas transgressões com amargura de alma. Pois, todo aquele que ama prepara o melhor e mais belo lugar para o seu amado, porque assim se conhece o afeto daquele que recebe o seu amado.

2. No entanto, saiba que você não pode fazer uma preparação suficiente com o mérito de qualquer ação sua, mesmo que você se preparasse para um ano inteiro e não tivesse mais nada em mente. Mas somente por Minha ternura e graça é permitido que você se aproxime de Minha mesa, como se um mendigo fosse chamado para o jantar de um homem rico e não tivesse outra recompensa a oferecer-lhe pelos benefícios que lhe foram feitos, a não ser humilhar-se e agradecer-lhe. Portanto, faça tudo o que estiver ao seu alcance, e faça-o diligentemente, não por costume nem por necessidade, mas com temor, reverência e afeição, receba o Corpo de seu amado Senhor Deus, que promete vir a você. Eu sou Aquele que o chamou; Eu ordenei que fosse feito; Eu suprirei o que lhe falta; venha e receba-Me.

---

168 Levítico, 19:2.

169 Marcos, 14:14-15.

170 1 Coríntios, 5:7.

171 Salmos, 102:7.

3. Quando Eu conceder a graça da devoção, dê graças a seu Deus; não é porque você é digno, mas porque tive misericórdia de você. Se você não tem devoção, mas sente que está seco, ore imediatamente, não pare de gemer e bater; não pare até que consiga obter alguma migalha ou gota de graça salvadora. Você precisa de Mim, Eu não preciso de você. Nem você vem para Me santificar, mas Eu venho para santificá-lo e torná-lo melhor. Você vem para ser santificado por Mim e se unir a Mim; para receber nova graça e ser reavivado para a mudança de vida. Não negligencie essa graça, mas prepare seu coração com toda a diligência e receba seu Amado.

4. Mas você não deve apenas se preparar para a devoção antes da Comunhão, mas também manter-se nela com toda diligência depois de receber o Sacramento; nem é necessária menos vigilância depois, do que uma preparação devota de antemão: pois uma boa vigilância depois se torna, por sua vez, a melhor preparação para obter mais graça. Pois assim um homem se torna totalmente indisposto para o bem, se ele imediatamente retorna da comunhão para se entregar a consolações externas. Cuidado com o falar muito; permaneça em um lugar secreto e mantenha comunhão com seu Deus, pois você tem Aquele que o mundo inteiro não pode tirar de você. Eu sou Aquele a quem você deve se entregar totalmente; para que agora você possa viver não totalmente em si, mas em Mim, livre de toda ansiedade.

Capítulo XIII
Que a alma devota deve ansiar de todo o coração pela união com Cristo no Sacramento

A voz do discípulo

Quem me concederá, ó Senhor, que eu possa Te encontrar sozinho, e abrir todo meu coração para Ti Quem me concederá, Senhor, que eu possa encontrá-Lo sozinho, abrir todo o meu coração para Ele e desfrutá-Lo tanto quanto a minha alma desejar; e que nenhum homem possa, de agora em diante, olhar para mim, nem qualquer criatura me comover ou ter respeito por mim, mas que somente Tu fales comigo e eu com Ele, assim como o amado costuma falar com o amado, e o amigo se banquetear com o amigo? Por isso eu oro, por isso eu anseio, para que eu possa estar totalmente unido a Ti, e possa retirar meu coração de todas as coisas criadas, e por meio da Santa Comunhão e da celebração frequente possa aprender mais e mais a saborear as coisas celestiais e eternas. Ah, Senhor Deus, quando estarei totalmente unido e perdido em Ti, e totalmente esquecido de mim mesmo? "Tu em mim e eu em Ti"[172], e faze com que possamos, da mesma forma, continuar juntos em um só.

---
172 João, 15:4.

2. "Em verdade, Tu és meu Amado, o mais escolhido entre dez mil"[173], em quem minha alma tem prazer em habitar todos os dias de sua vida. Em verdade Tu és meu Pacificador, em Quem há perfeita paz e verdadeiro descanso, sem o qual há trabalho, tristeza e infinita miséria. Verdadeiramente Tu és um Deus que Te escondes, e Teu conselho não está com os ímpios, mas Tua Palavra está com os humildes e os simples. Ó quão doce, Senhor, é o Teu espírito, que, para manifestar a Tua doçura para com os Teus filhos, te dignas refrescá-los com o pão cheio de doçura, que desce do céu. "Em verdade, não há outra nação tão grande, que tenha seus deuses próximos a ela, como Tu, nosso Deus, que estás presente a todos os Teus fiéis"[174], a quem, para seu consolo diário e para elevar seu coração ao céu, Tu Te dás como alimento e deleite.

3. Que outra nação é tão conhecida como o povo cristão? Ou que criatura é tão amada debaixo do céu como a alma devota na qual Deus entra, para que possa alimentá-la com Sua carne gloriosa? Ó graça indescritível! Ó maravilhosa condescendência! Ó amor incomensurável especialmente concedido aos homens! Mas que recompensa darei ao Senhor por esta graça, por uma caridade tão poderosa? Não há nada que eu possa apresentar mais aceitável do que entregar meu coração totalmente a Deus e uni-lo interiormente a Ele. Então todas as minhas partes internas se regozijarão, quando minha alma estiver perfeitamente unida a Deus. Então Ele me dirá: "Se tu estiveres comigo, eu estarei contigo". E eu lhe responderei: "Concede, Senhor, que fiques comigo, de bom grado estarei contigo; este é todo o meu desejo, até mesmo que meu coração esteja unido a Ti."

Capítulo XIV
Do desejo fervoroso de certas pessoas devotas de receber o Corpo e o Sangue de Cristo

A voz do discípulo

Oh, quão grande é a abundância de Tua doçura, Senhor, que guardaste para aqueles que Te temem. Quando me lembro de algumas pessoas devotas que se aproximam de Teu Sacramento, ó Senhor, com a mais profunda devoção e afeição, muitas vezes fico confuso comigo mesmo e me envergonho de ter me aproximado de Teu altar e da mesa da Santa Comunhão de forma tão descuidada e fria, de ter permanecido tão seco e sem afeição, de não ter me acendido totalmente com amor diante de Ti, meu Deus, nem tão veementemente atraído e afetado como muitas pessoas devotas que, por causa do desejo muito sincero da Comunhão e da terna afeição do coração,

---

173 Cânticos, 5:10.
174 Deuteronômio, 4:7.

não puderam se abster de chorar, mas como se estivessem com a boca do coração e o corpo igualmente ofegantes interiormente por Ti, ó Deus, ó Fonte da Vida, sem poder apaziguar ou saciar sua fome, a não ser recebendo Teu Corpo com toda a alegria e avidez espiritual.

2. Ó fé verdadeiramente ardente daqueles que se tornam a própria prova de Tua Sagrada Presença! "Pois, eles realmente conhecem seu Senhor no partir do pão, cujo coração queima tão ardentemente dentro deles"[175] quando Jesus anda com eles pelo caminho. Ah, eu! Longe de mim, em sua maior parte, está um amor e uma devoção como esses, um amor e um ardor tão veementes. Sê misericordioso comigo, ó Jesus, bom, doce e bondoso, e concede ao teu pobre suplicante sentir às vezes, na Santa Comunhão, ainda que seja apenas um pouco, o afeto cordial do teu amor, para que minha fé se fortaleça, minha esperança em tua bondade aumente e minha caridade, uma vez acesa dentro de mim pela degustação do maná celestial, nunca falhe.

3. Mas Tua misericórdia é capaz até mesmo de me conceder a graça pela qual anseio, e de me visitar com o mais terno espírito de fervor quando chegar o dia de Tua boa vontade. Pois, embora eu não arda em um desejo tão veemente quanto o daqueles que são especialmente devotos a Ti, ainda assim, por Tua graça, tenho um desejo semelhante àquele desejo grandemente inflamado, orando e desejando ser feito participante de todos aqueles que tão fervorosamente Te amam, e ser contado entre sua santa companhia.

Capítulo XV
Que a graça da devoção é adquirida por meio da humildade e abnegação

A voz do Amado

Você deve buscar sinceramente a graça da devoção, pedi-la com fervor, esperar por ela com paciência e fidelidade, recebê-la com gratidão, preservá-la humildemente, trabalhar com ela diligentemente e deixar para Deus o tempo e a maneira da visitação celestial até que ela venha. Principalmente, você deve se humilhar quando sentir interiormente pouca ou nenhuma devoção, mas não se deixar abater demais, nem se entristecer além da medida. Deus muitas vezes dá em um breve momento o que negou por muito tempo; às vezes dá no final o que no início da oração adiou dar.

2. Se a graça fosse sempre concedida imediatamente, e estivesse à mão quando fosse desejada, seria dificilmente suportável para o homem fraco. Portanto, a graça da devoção deve ser aguardada com uma boa esperança e com humilde paciência. No entanto, impute-a a si e a seus pecados quando ela não for concedida ou

---
[175] Lucas 24:32.

quando for misteriosamente retirada. Às vezes, é uma coisa pequena que impede e oculta a graça (se é que isso deve ser chamado de pequeno e não de grande, que impede um bem tão grande); mas se você remover isso, seja pequeno ou grande, e superá-lo perfeitamente, terá o que pediu.

3. Pois, assim que você se entregar a Deus de todo o seu coração e não buscar nem isso, nem aquilo de acordo com sua própria vontade e prazer, mas se firmar totalmente nele, você se encontrará unido e em paz, porque nada lhe dará tão doce prazer e deleite quanto o bom prazer da vontade divina. Portanto, quem quer que tenha elevado sua vontade a Deus com singeleza de coração e tenha se libertado de todo amor ou aversão desordenados a qualquer coisa criada, será digno do dom da devoção. "Pois, onde o Senhor encontra vasos vazios"[176], ali Ele dá a Sua bênção. E quanto mais perfeitamente um homem abandona as coisas que não são proveitosas, e quanto mais ele se entrega a si, mais rapidamente a graça vem, mais abundantemente ela entra, e mais alto ela eleva o coração livre.

4. "Então ele verá, e se alegrará, e se maravilhará, e o seu coração se dilatará dentro dele"[177], porque a mão do Senhor está com ele, e ele se pôs inteiramente nas Suas mãos, para sempre. Eis que assim será bem-aventurado o homem que busca a Deus de todo o seu coração e não recebe a sua alma em vão. Esse homem, ao receber a Sagrada Eucaristia, obtém a grande graça da União Divina, porque não tem em vista a sua própria devoção e conforto, mas, acima de toda devoção e conforto, a glória e a honra de Deus.

Capítulo XVI
Que devemos expor nossas necessidades a Cristo e pedir Sua Graça

A voz do discípulo

Ó dulcíssimo e amável Senhor, a quem agora desejo devotamente receber, Vós conheceis minha enfermidade e a necessidade que sofro, em que males e vícios me encontro; quantas vezes sou sobrecarregado, tentado, perturbado e contaminado. Venho a Ti em busca de remédio, peço-Te consolo e apoio. Falo a Ti, que sabes todas as coisas, a quem todos os meus segredos estão abertos e que és o único capaz de me confortar e ajudar perfeitamente. Vós sabeis de que bem mais necessito e como sou pobre em virtudes.

2. Eis que estou pobre e nu diante de Ti, pedindo graça e implorando misericórdia. Refresca o suplicante faminto, acende minha frieza com o fogo de Teu amor, ilumina minha cegueira com o brilho de Tua presença. Transforma todas as coisas terrenas em amargura para mim, todas as coisas dolorosas e

---

176 2 Reis, 4:1-7.

177 Isaías, 60:5.

contrárias em paciência, todas as coisas sem valor e criadas em desprezo e esquecimento. Eleva meu coração a Ti no Céu, e não me deixes vagar pela Terra. Somente Tu és doce para mim, de hoje em diante, para sempre, porque somente Tu és minha comida e bebida, meu amor e alegria, minha doçura e todo o meu bem.

3. Oh, que Tu, com Tua presença, me acendesses, consumisses e me transformasses em Ti mesmo; que eu pudesse ser feito um só espírito contigo, pela graça da união interior e pela fusão do amor sincero! Não permita que eu me afaste de Ti com fome e sem forças; mas seja misericordioso comigo, como muitas vezes Tu foste maravilhoso com Teus santos. Que maravilha se eu fosse totalmente inflamado por Ti, e em mim mesmo fracassasse completamente, já que Tu és o fogo que sempre arde e nunca falha, o amor que purifica o coração e ilumina o entendimento.

Capítulo XVII
De amor fervoroso e desejo veemente de receber a Cristo

A voz do discípulo

Com a mais profunda devoção e amor fervoroso, com todo o afeto e fervor do coração, anseio por receber-Te, ó Senhor, assim como muitos santos e pessoas devotas desejaram receber-Te em comunicação, que Te agradaram muito bem por sua santidade de vida e viveram em ardente devoção. Ó meu Deus, Amor Eterno, meu Bem completo, Felicidade sem medida, anseio por receber-Te com o desejo mais veemente e a reverência mais profunda que qualquer santo jamais teve ou poderia ter.

2. E embora eu não seja digno de ter todos esses sentimentos de devoção, ainda assim Te ofereço todo o afeto de meu coração, como se somente eu tivesse todos esses mais gratos desejos inflamados. Sim, também, todas as coisas que uma mente piedosa é capaz de conceber e desejar, tudo isso, com a mais profunda veneração e fervor interior, eu ofereço e apresento a Ti. Desejo não reservar nada para mim, mas livre e inteiramente oferecer a mim mesmo e tudo o que tenho a Ti como um sacrifício. Ó Senhor meu Deus, meu Criador e Redentor, com tanto afeto, reverência, louvor e honra, com tanta gratidão, merecimento e amor, com tanta fé, esperança e pureza, desejo receber-Te neste dia, como Tua Mãe Santíssima, a gloriosa Virgem Maria, recebeu-Te e desejou-Te, quando humilde e devotamente respondeu ao Anjo que lhe trouxe as boas novas do mistério da Encarnação. "Eis aqui a serva do Senhor; faça-se em mim segundo a tua palavra"[178].

3. E como Teu bendito precursor, o mais excelente dos santos, João Batista, estando cheio de alegria em Tua presença, saltou, ainda no ventre de sua mãe, de alegria no Espírito Santo; E depois, vendo Jesus andando entre os homens,

---
[178] Lucas, 1:28.

humilhou-se muito e disse, com grande afeto: "O amigo do noivo, que está de pé e o ouve, regozija-se muito com a voz do noivo"[179]; assim também eu quero estar inflamado de grandes e santos desejos e apresentar-me a Ti de todo o coração. Daí também que, em meu nome e em nome de todos os que me foram recomendados em oração, ofereço e apresento a Ti o júbilo de todos os corações devotos, seus afetos ardentes, seus êxtases mentais, iluminações sobrenaturais e visões celestiais, com todas as virtudes e louvores celebrados e a serem celebrados por toda criatura no céu e na terra; a fim de que por todos Tu possas ser dignamente louvado e glorificado para sempre.

4. Recebe minhas orações, Senhor meu Deus, e meus desejos de dar-Te louvor infinito e bênção ilimitada, que, conforme a multidão de Tua grandeza indescritível, Te são devidos com toda a justiça. Isso eu Te dou e desejo dar a cada dia e a cada momento; e, com súplicas e desejos afetuosos, convido todos os espíritos celestiais e todo o Teu povo fiel a se unirem a mim para render-Te graças e louvores.

5. Que todos os povos, nações e línguas Te louvem e magnifiquem o Teu santo e doce Nome, com os mais elevados júbilos e ardente devoção. E que todos os que reverente e devotamente celebrarem Teu altíssimo Sacramento, e o receberem com plena certeza de fé, sejam considerados dignos de encontrar graça e misericórdia junto a Ti, e intercedam com toda a súplica por mim, um pecador; e quando tiverem alcançado a devoção desejada e a alegre união contigo, e partirem cheios de conforto e maravilhosamente revigorados de Tua santa e celestial mesa, que se dignem a se lembrar de mim, pois sou pobre e necessitado.

Capítulo XVIII
Que o homem não seja um curioso pesquisador do Sacramento, mas um humilde imitador de Cristo, submetendo seus sentidos à santa fé

A voz do Amado

Você deve tomar cuidado com a busca curiosa e inútil nesse Sacramento tão profundo, se não quiser mergulhar no abismo da dúvida. "Aquele que busca a Majestade será oprimido por sua glória"[180]. Deus é capaz de fazer mais do que o homem pode compreender. Uma busca piedosa e humilde da verdade deve ser permitida, quando ela está sempre pronta para ser ensinada e se esforça para seguir as opiniões saudáveis dos pais.

2. Abençoada é a simplicidade que deixa de lado os caminhos difíceis dos questionamentos e segue os passos claros e firmes dos mandamentos de

---

179 João, 3:29.
180 Provérbios, 25:27 (vulgata).

Deus. Muitos perderam a devoção enquanto procuravam investigar coisas mais profundas. Exige-se de você fé e uma vida sincera, não elevação do intelecto, nem profundidade nos mistérios de Deus. Se você não entende nem compreende as coisas que estão abaixo de você, como compreenderá as que estão acima de você? Submeta-se a Deus e humilhe seu senso à fé, e a luz do conhecimento lhe será dada, conforme for útil e necessário para você.

3. Há alguns que são gravemente tentados em relação à fé e ao Sacramento; mas isso não deve ser imputado a eles mesmos, e sim ao inimigo. Não se preocupe, pois, com isso, não discuta com seus próprios pensamentos, nem responda às dúvidas que lhe são lançadas pelo demônio; mas creia nas palavras de Deus, creia em seus santos e profetas, e o inimigo iníquo fugirá de você. Muitas vezes é de grande proveito que o servo de Deus suporte tais coisas. Pois, o inimigo não tenta os incrédulos e os pecadores, porque já os possui com segurança; mas tenta e assedia os fiéis e devotos por vários meios.

4. Avance, portanto, com fé simples e indubitável, e aproxime-se do Sacramento com reverência suplicante. E tudo o que você não for capaz de entender, entregue sem ansiedade ao Deus Todo-Poderoso. Deus não o engana; engana-se aquele que acredita demais em si. Deus anda com os simples, revela-se aos humildes, dá entendimento às crianças, abre o sentido às mentes puras e esconde a graça dos curiosos e orgulhosos. A razão humana é fraca e pode ser enganada, mas a verdadeira fé não pode ser enganada.

5. Toda razão e investigação natural devem seguir a fé, não precedê-la nem quebrá-la. Pois, a fé e o amor ocupam aqui especialmente o lugar mais alto e atuam de maneira oculta nesse santíssimo e excelentíssimo Sacramento. Deus, que é eterno e incompreensível, e de poder infinito, faz coisas grandes e inescrutáveis no céu e na terra, e suas obras maravilhosas são inacreditáveis. Se as obras de Deus fossem de tal ordem que pudessem ser facilmente compreendidas pela razão humana, não deveriam mais ser chamadas de maravilhosas ou indescritíveis.

O exemplar trazido ao Monastério Cartusiano da Basileia por Ludwig Moser contém os três primeiros livros da obra "A Imitação de Cristo".

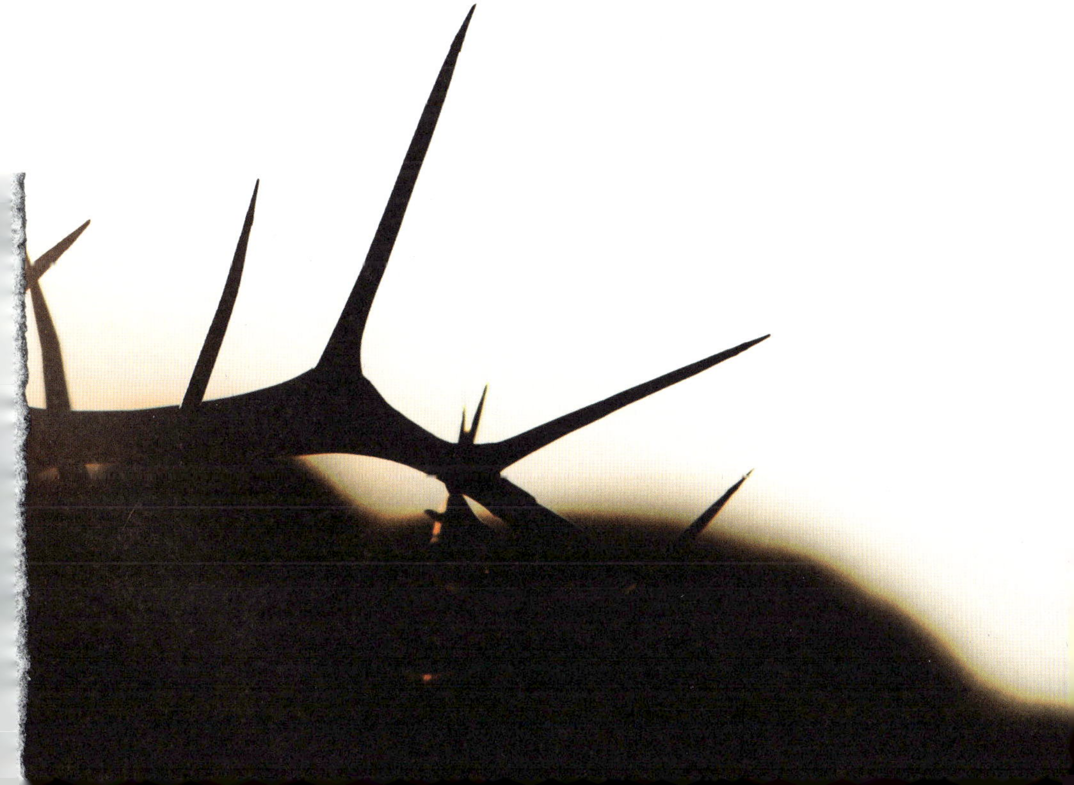

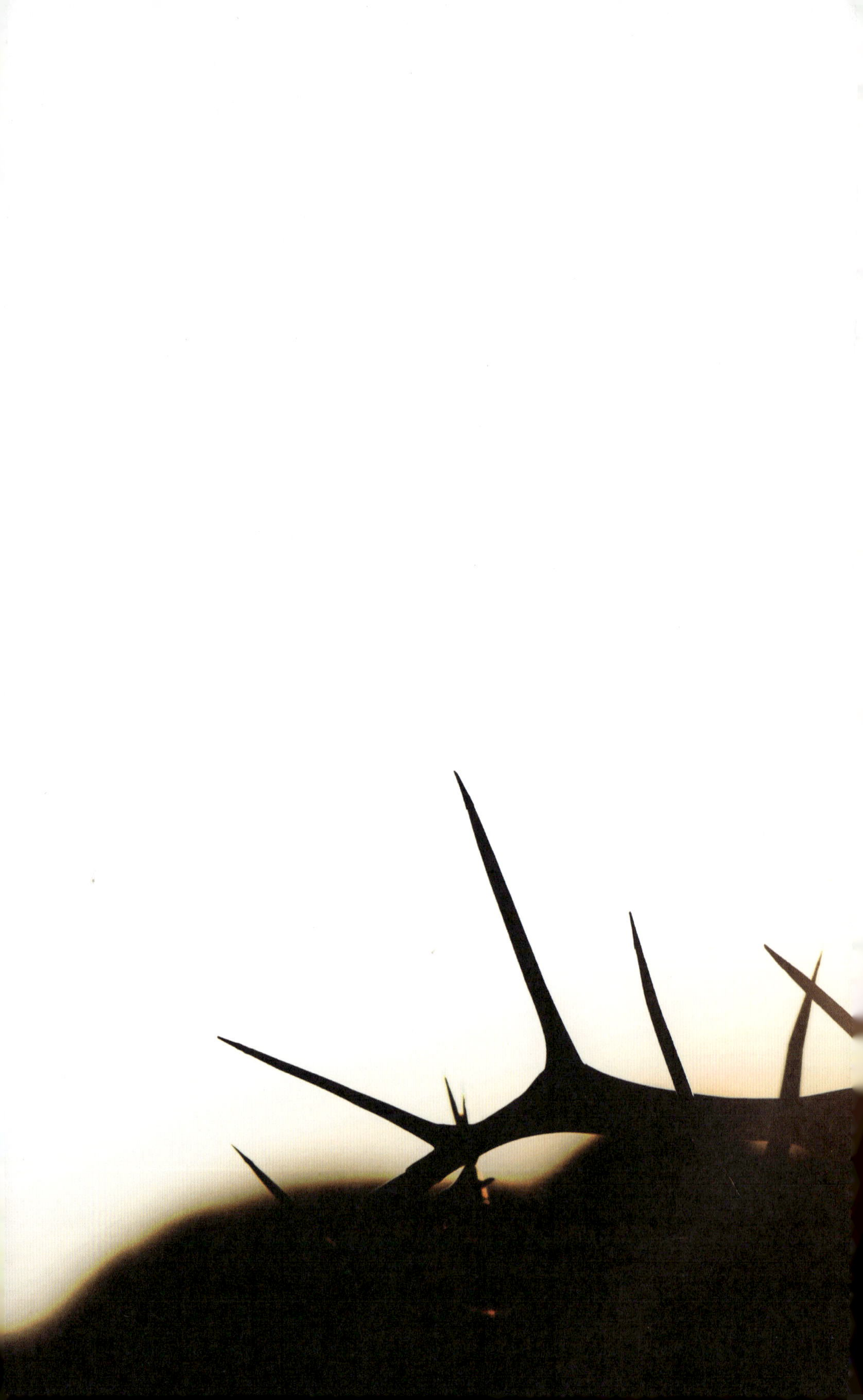